Tafel II Aale in typischen Verstecken bei Tageslicht

Bibliothek des Angelsports

Ulrich Basan

Wir angeln Aal

Sportverlag Berlin

Basan, Ulrich
Wir angeln Aal / [Ill.: Gisela Jahrmärker]. – 2., bearb. Aufl. – Berlin : Sportverl., 1988. – (Bibliothek des Angelsports)

ISBN 3-328-00258-8

Zweite, bearbeitete Auflage
Lizenznummer: 140 355/17/88
9095
Illustrationen: Gisela Jahrmärker
Einband: Peter Tschauner
Einbandfoto: Manfred Zabel
Printed in the German Democratic Republic
Gesamtherstellung: Karl-Marx-Werk Pößneck V 15/30
Redaktionsschluß: 1. 6. 1987
671 750 9

01050

Inhaltsverzeichnis

1. Der Fisch

Ähnlich wie bei anderen attraktiven Fischarten ist auch die Lebensweise des Aals von einem gewissen Mythos umgeben, werden von Anglern, Fischern und Laien noch immer unglaubliche Geschichten über ihn erzählt und gelangen dann immer wieder einmal auch in die Literatur. Begünstigt wird dieser Mythos durch das Aussehen des Fisches, seine verborgene Lebensweise und durch die Tatsache, daß sein Lebenszyklus noch nicht bis ins letzte erforscht werden konnte. Dazu kommt noch eine gewisse Problematik beim Fang des Aals, die auf seine stark spezialisierte Lebensweise zurückzuführen ist, und nicht zuletzt spielt auch der Umstand eine Rolle, daß er beim Verbraucher in außerordentlich hohem Ansehen steht.
All dies hat zu dem Entschluß geführt, diesen interessanten Fisch unseren Sportanglern einmal in einem gesonderten Titel vorzustellen und dabei alles zusammenzutragen, was an *gesicherten Erkenntnissen* vorhanden ist und was dazu beitragen kann, die Kenntnisse über die Lebensweise des Aals geradezurücken bzw. zu erweitern. Es hat sich bestätigt, daß regelmäßige Erfolge beim sportlichen Fang von sogenannten „Problemfischen" nur dann eintreten, wenn man ein gewisses Maß an Wissen über Lebensweise, Standortverhalten, Ernährungsweise und sonstige Eigenarten der beangelten Fischart aufweisen kann. Die Vermittlung dieses Wissens war in der bisherigen Angelsportliteratur nicht in genügendem Maße möglich, da hier der Aal nur als eine Fischart unter vielen und daher relativ kurz behandelt werden konnte.
Der Autor glaubt sich befugt, dem anglerischen Publikum diesen Titel über den Aal vorzulegen, nachdem er in seinem bisherigen Anglerleben sehr viele Aale in den verschiedensten Gewässern auf sportliche Weise gefangen hat. Es gehen daher natürlich viele persönliche Erfahrungen in das Buch ein, die nicht immer den bisher in der Literatur zu findenden Erkenntnissen entsprechen. Andererseits finden aber auch viele Feststellungen anderer Autoren durch

die Praxis ihre Bestätigung. Es ist zu hoffen, daß auf diese Weise ein Buch entsteht, das dem Sportangler bei der Verbesserung seiner Methoden zum sportlichen Fang des Aals dienlich ist. Da aber nicht der Fangerfolg allein das Ziel eines Sportanglers sein sollte, werden am Rande des Themas alle nur möglichen interessanten Einzelheiten über die Fischart Aal dargeboten, die das allgemeine Wissen über dieses Lebewesen unserer Gewässer bereichern dürften. Nach dieser Einleitung nun aber zum Fisch selbst. Schon im Altertum beschäftigten sich Naturforscher wie Laien immer wieder mit dem damals besonders geheimnisumwitterten Aal. Die verborgene Lebensweise des Fisches verbunden mit den noch unzulänglichen Methoden der damaligen Naturerkenntnis förderten die Entstehung von Sagen, die noch heute nicht überall ausgestorben sind. Vor allem gab die Fortpflanzung des Aals noch bis in die jüngere Vergangenheit hinein Rätsel auf. Daß Aale aus Schlamm entstehen, glaubt heute zwar niemand mehr, aber das angebliche Fressen von Aas oder das nächtliche Anlandgehen der Fische geistern doch immer wieder noch in Gesprächen herum. Wir werden darüber im weiteren Verlauf des Themas noch einiges hören.
Ich bin übrigens nicht abgeneigt, dem Aal sehr interessante Eigenschaften zuzuschreiben, allerdings höchst reale und längst bewiesene. Da wären z. B. die außerordentlichen Leistungen des Geruchsorgans, die Lichtempfindlichkeit und damit Dunkelheitsaktivität, die Fähigkeit, sich an grundverschiedene Lebensräume anzupassen, die Temperaturabhängigkeit und damit der Wechsel zwischen aktiven und passiven Phasen bis hin zur Winterruhe und nicht zuletzt die gewaltige Leistung der Laichwanderung über viele Tausende von Kilometern hinweg. Ich meine, daß all diese Dinge interessant genug sind, um sie im folgenden eingehend zu behandeln. Die tatsächliche Lebensweise des Aals ist nämlich ebenso attraktiv wie die ihm in Sagen und Geschichten nachgesagte.

1.1. Namen und Systematik

Es muß erwähnt werden, daß in diesem Buch ausschließlich der *Europäische Flußaal* (Anguilla anguilla L.) behandelt wird. Außer dieser uns hier interessierenden Fischart gibt es noch eine ganze Reihe anderer Aalarten auf der Welt, die aber meist außereuropä-

ische Gewässer bewohnen. In den Laichgebieten des Europäischen Aals findet sich z. B. auch der Amerikanische Aal (Anguilla rostrata), von dem noch die Rede sein wird (vgl. 1.5.), und der unserem Flußaal äußerlich recht ähnlich sieht. Eine gewisse Verwechslungsmöglichkeit kann bei uns allenfalls mit kleinen Exemplaren des Meeraals (Conger conger L.) bestehen, der in vereinzelten Stükken mitunter schon bis in die Ostsee verschlagen wurde. Dieser Fisch erreicht jedoch Größen, wie sie vom Flußaal unbekannt sind.
Andere *Verwandte* des Flußaals sind außer den Meeraalen z. B. noch die Muränen, die in tropischen und subtropischen Meeren leben, und der Amerikanische Aal.
Aale lassen sich erstmals im Erdzeitalter des Jura nachweisen, zu welcher Zeit die ersten Knochenfische auftauchen, eine Weiterentwicklung der urtümlichen Knorpelfische.
Der *deutsche Name* unseres Fisches soll mit dem Wort „Ahle" verwandt sein und wurde früher auch oftmals „Ahl" geschrieben (vgl. Ahlbeck = Aalbach). Das althochdeutsche „Al" findet sich noch heute in der skandinavischen Schreibweise „ål" wieder. Der wissenschaftliche Name „anguilla" kommt aus dem Lateinischen und bedeutet dort „Schlänglein" (von anguis = Schlange).
Im Gegensatz zu vielen anderen Fischarten finden wir in der heutigen *Umgangssprache* sowie auch in den einzelnen Landschaften des deutschen Sprachgebiets nur wenige Namen für den Aal. Wenn überhaupt dieser Fisch anders als „Aal" genannt wird, so beziehen sich diese Namen auf bestimmte Entwicklungsstadien, Freßformen oder Aufenthaltsorte. So findet man z. B. die Bezeichnungen Glasaal, Steigaal, Jungaal und Freßaal für verschiedene Altersklassen, bei Anglern wohl auch „Schnürsenkel" für besonders kleine Aale, daneben Dick- oder Paddenkopf, auch Raubaal für die Breitkopfform, dann schließlich Gelbaal, Blankaal, Kupfer- und Grauaal für die verschiedenen Stadien der erwachsenen bzw. abwandernden Aale. Treibaal nennt man in manchen Gegenden den gerade aus der Winterruhe aufstehenden, noch kraftlosen Aal, der von der Strömung in die Reusen getrieben wird.
Interessant ist, daß schon von alters her *im Volksmund* der Aal nicht zu den Fischen gerechnet wird. So existieren noch alte Firmenschilder oder Annoncen, auf denen wörtlich zu lesen steht: „Fisch- & Aalhandlung" oder auch „Fisch- und Aalräucherei". Berufsfischer unterscheiden noch heute zwischen Fisch- und Aalreusen

(verschiedene Bauart und Maschenweiten), und Fangergebnisse werden oft noch unterteilt in „Fisch“ (mehrere Arten) und „Aal“. Die *ausländischen Namen* für den europäischen Aal ähneln z. T. dem althochdeutschen Ausdruck (dänisch, norwegisch und schwedisch „ål“, isländisch „all“, niederdeutsch „ool“, englisch „eel“) oder auch dem lateinischen anguilla (frz. anguille, ital. inguilla, rum. anghila, span. anguila). Andere europäische Namen weichen von diesen Stammustern ab, so z. B. holl. paling, poln. węgorz, russ. ugorj.
Der Name „Aal“ findet sich im Deutschen in einigen, meist recht treffenden Redewendungen wie z. B. „sich winden wie ein Aal“, „glatt sein wie ein Aal“, „schleimig sein wie ein Aal“ oder auch „sich aalen“.

1.2. Aussehen und Körperbau

Das *äußere Erscheinungsbild* des Aals unterscheidet sich sehr von dem der meisten anderen einheimischen Fische, lediglich die seltenen Neunaugen – die heutzutage allerdings nicht mehr zu den Fischen, sondern zu den Rundmäulern gerechnet werden – haben eine ähnliche Gestalt. Das schlangenähnliche Aussehen des Aals gemeinsam mit seiner schlängelnden Art der Fortbewegung hat in der früheren Berichterstattung ganz offensichtlich dazu beigetragen, dem Fisch eine Sonderrolle zuzuweisen, und war sicherlich auch Anlaß für viele Geschichten über angebliche Landwanderungen des Tieres. In einigen Ländern wird der Aal wegen seiner vom „Üblichen“ abweichenden Gestalt sogar vom Verbraucher abgelehnt, z. B. in Großbritannien oder Ungarn.
Die schlangenähnliche Gestalt des Aals ist lediglich eine Anpassung an eine bestimmte Lebensweise. Aufgrund seines sehr schlanken, drehrunden und nur im hinteren Drittel seitlich abgeflachten *Körpers* ist der Fisch in der Lage, sich in kleinste Lücken, Spalten und Röhren des Grundes hineinzuzwängen und sich dort versteckt zu halten. Auch das Eingraben in den Bodengrund wird durch die Körperform und daneben durch die glatte, schleimige Haut begünstigt. Da sich der Aal bei der Nahrungssuche meist am Gewässergrund bewegt, ist die Anordnung seiner Flossen nicht auf schnelles, sondern mehr auf ausdauerndes Schwimmen ausgerichtet, obwohl

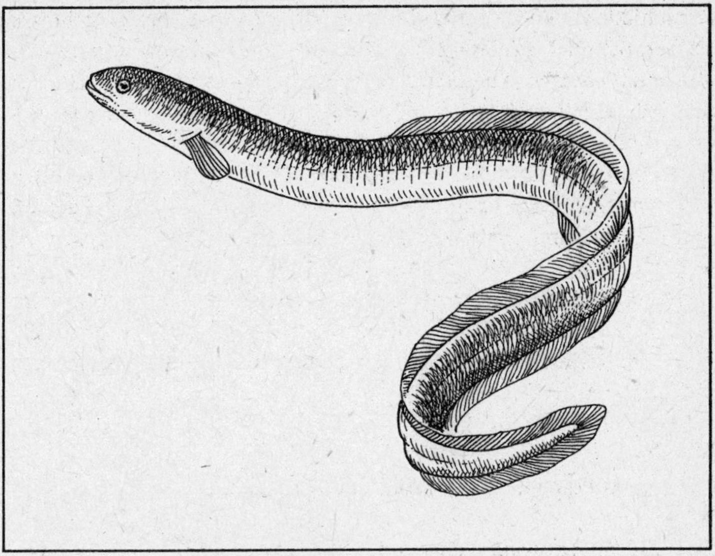

Abb. 1 Europäischer Aal, Flußaal (Anguilla anguilla L.)

seine Wanderungen beweisen, daß er zeitweise auch eine recht hohe Geschwindigkeit erreichen kann. Die Bauchflossen fehlen ganz, After-, Rücken- und Schwanzflossen sind zu einem durchgehenden Flossensaum verschmolzen.

Das ziemlich tief gespaltene *Maul*, bei dem der Unterkiefer etwas überragt, ist durch die kräftige Muskulatur dazu befähigt, gepackte Beute gut festzuhalten und auch Panzer und Schalen von Krebsen oder Weichtieren zu zerbeißen. Mancher Angler hat diese Kraft schon erfahren, wenn sein Finger beim Hakenlösen in das Aalmaul geriet. Allerdings besitzt der Aal nur eine recht feine Bezahnung, die aus sogenannten Bürstenzähnen besteht. Diese sind zwar zum Festhalten von Beute dienlich, können aber kaum Verletzungen hervorrufen.

Die *Augen* sind während des Aufenthalts des Aals in unseren Gewässern verhältnismäßig klein und vergrößern sich erst, wenn der Fisch zu seiner langen Laichwanderung aufbricht (Tiefseeaugen). Überhaupt bezieht sich diese Beschreibung des Aussehens ausschließlich auf die Phase des Aufenthalts in unseren Gewässern, über die Veränderungen beim Geschlechtsreifwerden wird weiter unten berichtet (1.5.4.).

Am *Kopf* fallen die gut erkennbaren vorderen Eingänge der Riechgruben (Nasenöffnungen) auf. Die bei anderen Fischarten stets deutlich sichtbaren Kiemenspalten dagegen sind hier wenig auffällig, da sie sehr eng und zudem fast völlig mit Haut überzogen sind. Diese Eigenart schützt die Kiemen des Aals vor Austrocknung und sichert ihm eine recht lange Überlebensdauer außerhalb des Wassers.

Die *Haut* des Aals ist am ganzen Körper glatt und einschließlich der Flossen von einer dicken und zähen Schleimschicht überzogen. Darunter liegen die äußerlich nicht sichtbaren, sehr kleinen Schuppen. Die Haut ist dick und so derb, daß sie in früheren Zeiten von rügenschen Fischern zu Schnürbändern verarbeitet wurde. Als „Modeschrei" sah ich in einer Zeitschrift kürzlich eine Dame mit einem Kostüm aus Aalhaut.

Die *Färbung* des Aals entspricht seiner Lebensweise als Grundfisch, der Rücken ist also dunkel, der Bauch hell gefärbt. Der Farbton kann sehr unterschiedlich sein. Grundton der Rückenfärbung ist ein Braun-Oliv, das bei einer Anpassung an die Helligkeitswerte des Grundes heller oder dunkler, bis hin zum fast Schwarzen aus-

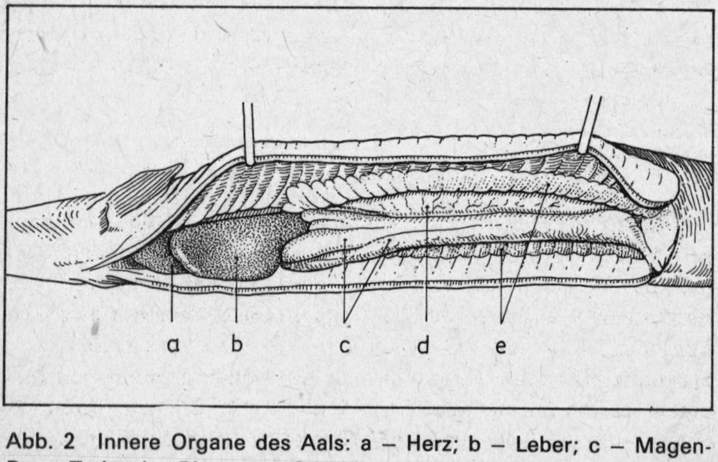

Abb. 2 Innere Organe des Aals: a – Herz; b – Leber; c – Magen-Darm-Trakt; d – Blase; e – Geschlechtsorgan (noch nicht vollständig ausgebildet)

fallen kann. Auch olivgrüne und bläulich-graue Farbtöne werden beobachtet. Seltener sind echte Farbanomalien wie Xanthorismus (Gelbfärbung) oder Albinismus. Aale passen sich schnell ihrer Umgebung an, so werden in einem hellen Gefäß gehälterte Aale binnen einer Stunde fast farblos (Badewanne). Die Unterseite des Fisches kann leuchtend gelb sein (Gelbaal), aber auch stumpf-weiß, silberweiß oder hellgrau (s. a. Blankaal, 1.5.4.).
Verschiedene Formen des Kopfes kennzeichnen die Spitzkopf- und die Breitkopfform des Aals, Zwischenformen wurden auch als Schmalkopf bezeichnet. Näheres hierzu unter 1.5.3.
Die *inneren Organe* des Aals entsprechen in ihrem Aufbau denen anderer Fischarten, sind aber in ihrer Form der langen und schmalen Gestalt des Fisches angepaßt. Der Darm ist kurz, was auf eine schnelle Futterverwertung hindeutet.
Schwimmblase, Darmtrakt und die Vorstufen der Geschlechtsorgane liegen beim erwachsenen Aal in Form länglicher Bündel parallel zueinander in der langgestreckten Leibeshöhle. Letztere erstreckt sich übrigens noch ein Stück über die Afteröffnung hinaus, was beim Ausweiden des Fisches beachtet werden muß.
Während des Süßwasseraufenthalts des Aals sind die *Geschlechtsorgane* meist noch kaum entwickelt und fallen daher beim Öffnen der Leibeshöhle nicht auf. Erst bei der Umstellung des Körpers zur Laichwanderung werden die sogenannten Lappen- und Krausenorgane (= weibliche und männliche Keimdrüsen) mitunter deutlicher sichtbar. Die volle Entwicklung dieser Organe vollzieht sich in der Regel erst während der Laichwanderung selbst.

1.3. Sinnesorgane und deren Leistungsfähigkeit

Die Leistungen der Sinnesorgane unserer Fische werden vor allem von Anglern oft noch weit unterschätzt. Dies wird deutlich, wenn man das Verhalten vieler Sportangler am Wasser beobachtet. Die Sinnesorgane des Aals sind denen anderer Fischarten in vieler Hinsicht noch weit überlegen. Dies betrifft vor allem, was auch am bekanntesten ist, den Geruchssinn. Der Aal verfügt über ein Geruchsorgan, das in Form zweier Riechgruben mit je einem Ein- und einem Ausgang zwischen Oberkieferrand und Schädel liegt. Dieses Organ ist beim Aal zu ganz besonderen Leistungen befähigt.
Bei Fischen von einem *Geruchssinn* zu sprechen, erfordert ein ge-

wisses Umdenken, da das Medium, das die Geruchsstoffe überträgt, hier nicht die Luft, sondern das Wasser ist. Geruchs- und Geschmackssinn der Fische sind daher eng miteinander verbunden, doch tritt der letztere erst dann in Tätigkeit, wenn Nahrung mit den Geschmacksknospen des Mauls in Berührung kommt.

Dem Aal wird nachgesagt, daß er den Geruchssinn des Schäferhundes an Empfindlichkeit noch überträfe. Verschiedenartige Aquarienversuche haben ergeben, daß Aale durch Eintauchen von Nahrungsbrocken auch bei völliger Dunkelheit binnen kurzer Zeit aktiviert werden und sich dann zielgerichtet an diese Nahrung „heranwittern". Es ist auch die Verdünnung festgestellt worden, bei der Aale bestimmte Geruchsstoffe noch wahrnehmen können – sie ist nahezu unglaublich.

Bei einer solchen Ausbildung des Geruchssinns ist es erstaunlich, daß Aale überhaupt an Angelködern gefangen werden, die ja vor dem Fang immer mit Fremdgerüchen in Verbindung gekommen sind. In der Tat ist davor zu warnen, den Köder mit Händen zu berühren, an denen Fremdstoffe wie Öl, Teer, Kraftstoff, Waschmittel, Mückenschutzmittel u. a. m. haften könnten. Interessant sind aber auch Untersuchungen der letzten Jahre, nach denen der Aal zumindest im industrialisierten Mitteleuropa solche bisher als abschreckend bekannten Geruchsstoffe nicht immer mehr ablehnen soll. Die ständige Belastung vieler Gewässer mit Chemikalien mag zu solchen Veränderungen beigetragen haben.

Schaden wird es aber jedenfalls nicht, beim Aalangeln jegliche Fremdgerüche am Köder möglichst zu vermeiden, zumal es ja auch noch einigermaßen naturbelassene Gewässer auf unserem Territorium gibt.

Der Geruchssinn dient dem vorwiegend nachtaktiven Aal in der Hauptsache dazu, seine Nahrung zu finden und deren Qualität einzuschätzen. Möglicherweise befähigt der Geruchssinn den Aal auch, erfolgreich seine weite Wanderung zu den Laichplätzen durchzuführen, diese Vermutung ist jedoch noch nicht gesichert. Eine Tatsache ist durch die vielfältigen Versuche auf diesem Gebiet jedoch erbracht: Der Aal verschmäht jede Nahrung, die nicht mehr einwandfrei frisch ist, d. h., daß alle Berichte über das angebliche Aasfressen der Aale keinerlei Grundlage haben.

Ich halte seit 1971 einen Aal im Aquarium, von dem noch einige Male die Rede sein wird. Während der Sommerperiode wird dieser

Aal allabendlich mit Regenwürmern gefüttert. Alle Würmer, die nicht während der Nacht gefressen wurden, sondern liegenblieben, bleiben weiterhin unbeachtet, frisch eingebrachte werden dagegen anstandslos genommen. Auch die Angelpraxis bringt ähnliche Beweise.

Außer dem Geruchssinn ist für den Aal auch der *optische Sinn* von großer Bedeutung. Einmal dient dem Fisch auch das Auge zur Orientierung und Nahrungssuche – vor allem am Tage und während der Dämmerung –, zum anderen dürfte der Gesichtssinn auch die am Aufenthaltsort herrschenden Helligkeitswerte registrieren, nach denen sich weitgehend die Aktivität des Fisches richtet. Auch die farbliche Anpassung des Körpers an den Untergrund wird über das Auge gesteuert.

Bei den zur Laichwanderung aufbrechenden Aalen verändert sich mit dem ganzen Körper auch das Auge, es paßt sich durch Vergrößerung dem Sehen in tiefen Meeresschichten an, die der Fisch bei seiner Abwanderung durchschwimmen wird. Der Aal besitzt eine Seitenlinie, jenes nur den Fischen eigene Sinnesorgan, das Bewegungen des umgebenden Wassers, wie Strömungen, Druckwellen usw. aufnimmt und weitervermittelt.

Beim Aal ist die *Seitenlinie* äußerlich kaum sichtbar, da sie unter der dicken Schleimschicht verborgen liegt. Erkennbar ist der Verlauf der Seitenlinie dagegen bei zum Räuchern vorbereiteten, d. h. entschleimten und getrockneten Aalen. Der Aal reagiert außerordentlich fein auf alle Erschütterungen, die das ihn umgebende Wasser in Form von Druckwellen bewegen. Sicherlich wird auch das Auffinden größerer Beutetiere während der Dunkelheit oder in sehr trübem Wasser durch das Seitenlinienorgan unterstützt. Wie empfindlich das letztere anspricht, habe ich bei meinem Aquarienaal erlebt. Es genügte, in etwa 1 m Entfernung vom Becken mit dem Fingernagel leicht gegen die Fensterbank zu schnippen, um den Fisch sofort zusammenzucken zu lassen. Dabei steht das Aquarium noch auf einer schwingungsdämpfenden Filzplatte!

1.4. Verbreitung

Wenn hier von der Verbreitung des Europäischen Aals gesprochen wird, so muß dieses Thema abgegrenzt werden, denn immerhin legt der Fisch zweimal in seinem Leben einen Weg zurück, der mehr als einem Viertel des Erdumfangs entspricht – einmal im Larvenstadium und dann wieder als laichreifes Tier. Hier soll aber die Verbreitung des als Jungtier nach Europa gelangten erwachsenen Aals geschildert werden, d. h. sein Aufenthalt während der Freß- und Wachstumsphase.

Der Aal besiedelt zunächst einmal *alle Küsten Europas*, die mit dem Atlantischen Ozean in Verbindung stehen. Eine Schranke für die Verbreitung bilden niedrige Temperaturen, so daß der Fisch z. B. im Europäischen Nordmeer östlich der noch vom Golfstrom erwärmten Gebiete nicht mehr vorkommt. Eine weitere Barriere stellt das Schwarze Meer dar, das infolge der in der Tiefe vorhandenen

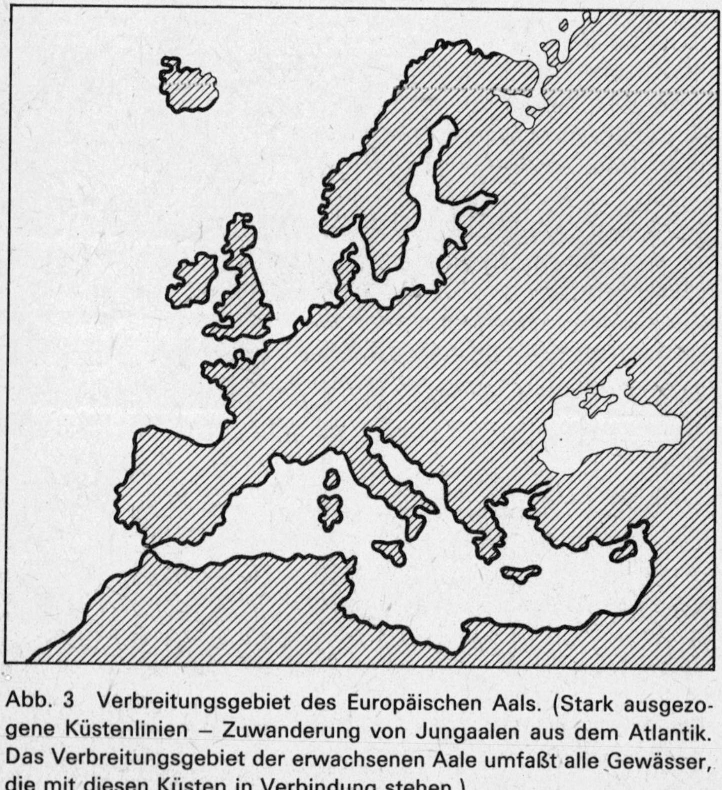

Abb. 3 Verbreitungsgebiet des Europäischen Aals. (Stark ausgezogene Küstenlinien – Zuwanderung von Jungaalen aus dem Atlantik. Das Verbreitungsgebiet der erwachsenen Aale umfaßt alle Gewässer, die mit diesen Küsten in Verbindung stehen.)

Schwefelwasserstoffansammlungen offenbar für wandernde Jungaale unpassierbar ist. Ansonsten sind als natürliches Verbreitungsgebiet alle Küsten Europas einschließlich des Mittelmeers und Nordwestafrikas anzusehen.

Der Aal besiedelt aber nicht nur die Küstengewässer, sondern steigt von dort in jedes erreichbare *Binnengewässer* auf, soweit es ihm einen zusagenden Lebensraum bietet. Als nächstes müssen wir also alle in die betreffenden Küstengewässer einmündenden Ströme, Flüsse und Bäche dem Verbreitungsgebiet zurechnen. In den mitteleuropäischen Fließgewässern steigt der Aal gewöhnlich bis in die Barben- bzw. Äschenregion, vereinzelt auch bis in die Forellenregion der Mittelgebirge auf, falls nicht Verbauungen des Gewässers dies verhindern. Eine Grenze der Verbreitung ist stromaufwärts dort gegeben, wo die Wassertemperaturen im Jahresmittel so niedrig sind, daß das Gewässer dem wärmeliebenden Aal nicht mehr zusagt. Künstliche Grenzen stellen Wehre und Staudämme dar.

Von den genannten Fließgewässern her erobert sich der Aal auch alle damit in Verbindung stehenden Seen, Teiche und Kanäle des Binnenlandes, wobei er zum Aufstieg oft kleinste Rinnsale annimmt.

Neben dieser natürlichen Verbreitung finden wir zusätzlich in vielen *abgeschlossenen Gewässern* einen Aalbestand, der durch Besatzmaßnahmen aufgebaut wurde. Auf diese Weise hat sogar die ins Schwarze Meer mündende Donau ihre Aale erhalten, da die Fische hier nicht auf natürliche Weise aufsteigen können. So gibt es also in Mitteleuropa nur wenige Gewässer, die nicht einen gewissen Aalbestand aufweisen.

1.5. Der Lebenszyklus des Aals

Zumindest für europäische Fischarten ist der Lebenszyklus des Aals in seiner gewaltigen räumlichen und zeitlichen Ausdehnung beispiellos. Es darf daher nicht verwundern, daß in früheren Zeiten, als wissenschaftliche Beobachtungsmethoden noch nicht so entwickelt waren, die kühnsten Spekulationen über das geheimnisvolle Werden und Vergehen des Aals angestellt wurden. Auch heute noch muten die gesicherten Erkenntnisse abenteuerlich an. Sollten sich einige der aufgestellten Hypothesen bewahrheiten, so

ist anhand des Lebenszyklus des Aals ein Einblick in das Altertum unseres Planeten gegeben.
Der Aal *laicht in der Sargassosee* zwischen 22° und 30° nördlicher Breite und 48° und 65° westlicher Länge über Wassertiefen von 4 500 bis 6 000 m. Seine Eier und später die Larven schweben in wenigen hundert Metern Tiefe unter der Oberfläche des Atlantiks. Die Larven werden dann passiv von Strömungen verfrachtet, bis zumindest ein Teil mit dem Golfstrom an die Küsten Europas gelangt. Allein dieser Weg erfordert einen Zeitraum von etwa drei Jahren.
Es erhebt sich nun die Frage, wie solch eine, bei den Fischen fast beispiellose *Laichwanderung* zustande gekommen ist. Auch der Amerikanische Aal (Anguilla rostrata L.) laicht übrigens in der betreffenden Gegend, was die Verhältnisse und Vermutungen zusätzlich kompliziert hat.
An Wahrscheinlichkeit gewonnen hat nach neuesten Satellitenbeobachtungen wieder die WEGENERsche Drifttheorie, die unter anderem ausführt, daß Europa und Afrika einerseits sowie Amerika andererseits ursprünglich ein zusammenhängender Großkontinent gewesen seien, der durch einen Grabenbruch getrennt wurde und seitdem ständig weiter auseinanderdriftet. Da diese Drift der Kontinente nach genauesten Messungen mit großer Wahrscheinlichkeit tatsächlich vor sich geht, so ließe sich folgern, daß in vergangener Zeit die Laichplätze beider Aalarten zwar auch im Meer – vielleicht auch in einem Binnenmeer des ehemaligen Großkontinents – gelegen haben, der Weg zu den Weidegebieten jedoch wesentlich kürzer war. Durch die nur ganz allmählich verlaufende Entfernung der Kontinente voneinander konnten sich die Fische dann an den ständig weiter werdenden Wanderweg anpassen. Diese Theorie würde jedenfalls den heutigen Lebenszyklus des Aals in wahrscheinlichere Dimensionen rücken.
Das Leben unserer Aale umfaßt also die Phasen Larvenstadium im Meer – Aufstieg in Küsten- und Binnengewässer – Freß- und Wachstumsperiode – Laichreifwerden und Abwanderung ins Meer – Laichprozeß und wahrscheinliches Absterben der Elterntiere. Blicken wir noch einmal zurück auf das, was unsere Vorfahren darüber wußten und dachten, denn daraus resultieren noch heute etliche Fehleinschätzungen über die Lebensweise des Aals.
Schon im *Altertum* wurde beobachtet, daß die Aale beim Laichreif-

werden dem Meer zuwanderten. Da aber bei im Süßwasser gefangenen Aalen im Gegensatz zu allen anderen Fischarten weder Rogen noch Milch gefunden wurde, nahm man an, daß „Aale aus dem Inneren der Erde“ kämen (Aristoteles, 384–322 v. Z.). Spätere Autoren sprechen davon, daß Aale aus Schlamm oder Unrat entstünden, und es gibt sogar ein Rezept zur Aalerzeugung, das folgendermaßen lautet: „Schneidet“, sagt HELMONT, „zwei mit Maithaue benäßte Rasenstücke aus, legt eins auf das andere, die begrasten Seiten einwärts, gebt sie der Sonnenhitze preis, und in wenigen Stunden wird eine große Anzahl junger Aale erzeugt worden sein.“ (Nach BREHM, 1879)
Sicherlich sind eine Reihe solcher und ähnlicher Beobachtungsfehler daraus entstanden, daß Aale in austrocknenden Teichen oder ähnlichen Kleingewässern in feuchtem Schlamm überdauerten, wie dies auch heute noch vorkommt. Ich selbst hatte am Garten einmal einen Teich, der in niederschlagsarmen Jahren austrocknete, die dort eingesetzten Aale überlebten jedoch im Schlamm, bis sich der Teich durch Niederschläge wieder füllte.
Nach dieser Abschweifung wollen wir den Lebenszyklus des Aals und die allmähliche Erforschung desselben näher kennenlernen.

1.5.1. Larvenstadium

Anhand systematisch betriebener Probefänge von Aallarven konnte das Laichgebiet des Europäischen Aals annähernd genau bestimmt werden. Es ist dies vor allem ein Verdienst des dänischen Forschers Johannes SCHMIDT, der in den ersten Jahrzehnten dieses Jahrhunderts als erster solche Untersuchungen im Atlantik betrieben hat. Durch eine Vielzahl von Fängen planktonisch lebender Aallarven verschiedener Größe konnte allmählich jenes Gebiet eingekreist werden, das heute als Geburtsstätte der Aale feststeht.
Die *Larven* des Aals waren schon weit früher bekannt, doch wurde das durchsichtige, nur wenige Zentimeter lange Fischchen damals nicht mit dem Aal in Verbindung gebracht, sondern für eine eigene Fischart gehalten (Leptocephalus brevirostris). Später kam dann zeitweise die Vermutung auf, daß es sich um ein Jugendstadium des Meeraals (Conger conger) handele. Zusätzlich kompliziert wurde die Rätselei um Leptocephalus noch dadurch, daß vereinzelt ähnlich aussehende, im Verhältnis zu den Leptocephali aber rie-

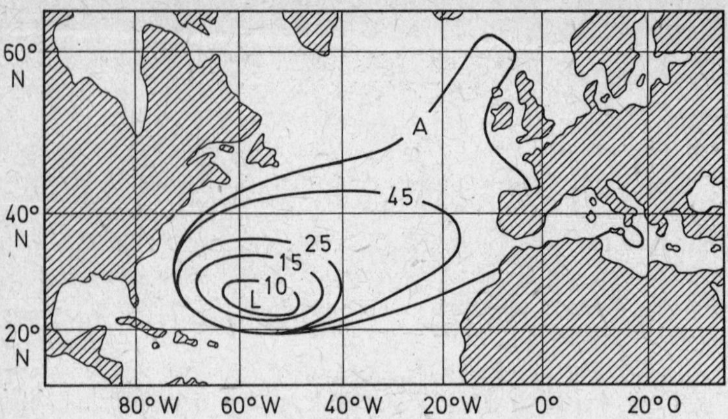

Abb. 4 Laichgebiet und Larvenverbreitung. Durch Kartierung der Fänge verschieden großer Larven konnte das Laichgebiet bestimmt werden. (L – Laichgebiet, 10, 15, 25, 45 – Länge der gefangenen Larven in mm; A – ausgewachsene Larven)

sengroße – bis 100 cm lange – Larven gefangen wurden, deren Herkunft noch heute unbestimmt ist. Man nimmt allerdings an, daß es sich hierbei um Larven einer noch unbekannten Tiefseeart handeln könne.

Während also die Aallarven anfangs nicht als solche erkannt wurden, ist den an der Küste eintreffenden *Glas- und Steigaalen* ihre spätere Gestalt schon deutlich anzusehen. Dies führte zu einem weiteren Trugschluß auf dem langen Weg der Erkenntnis. Man wußte, daß die erwachsenen Aale im Herbst aus den Flüssen ins Meer wanderten, und man wußte, daß im Frühjahr große Mengen von Jungaalen aus dem Meer in die europäischen Flüsse aufstiegen. Was lag also näher, als anzunehmen, daß die Aale im Winter unweit der Küste laichten und die im Frühjahr beobachteten Jungaale das Ergebnis dieses Prozesses seien? Erst die Identifizierung der überall im Nordatlantik vorgefundenen weidenblattförmigen Larve Leptocephalus als Jugendstadium des Aals schuf Klarheit darüber, daß die Verhältnisse weit komplizierter lagen. Die Forschungen im Atlantik ergaben schließlich folgendes Bild, das durch sorgfältige Kartierung einer großen Anzahl von Larvenfängen gewonnen wurde: Der Laichprozeß der Aale – der übrigens noch

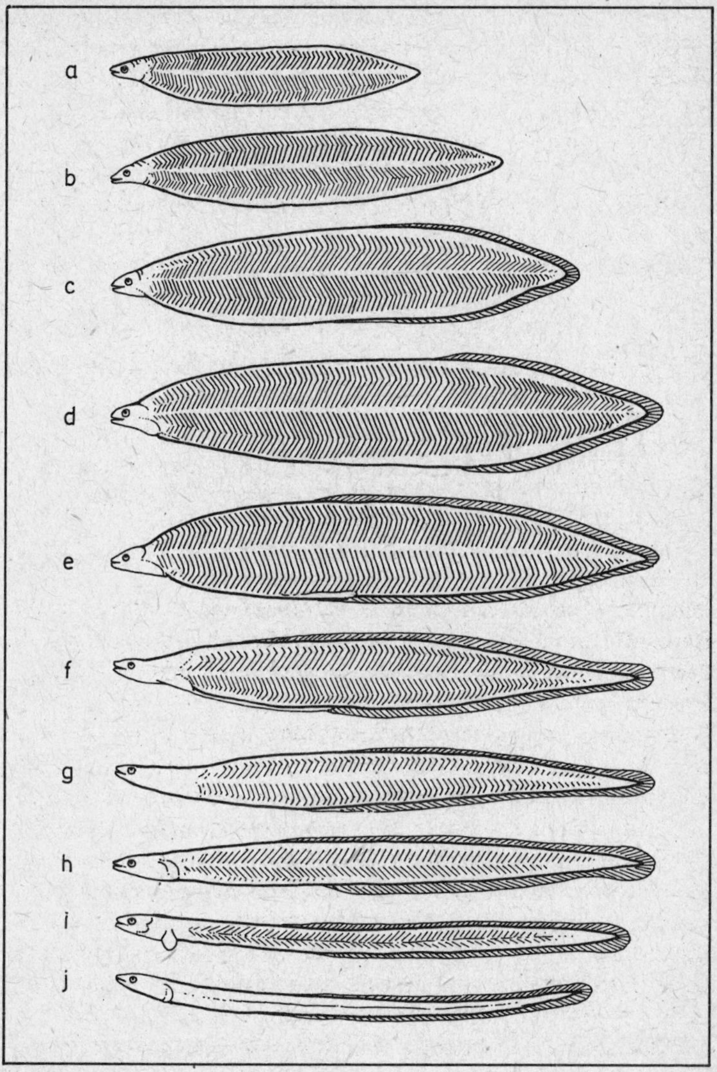

Abb. 5 Entwicklung der Aallarven bis zum Steigaal: a, b, c, d, e – Weidenblattstadium (Leptocephalus); f, g, h – Umwandlung zum Glasaal; i – Glasaal; j – Steigaal

nicht direkt beobachtet werden konnte – findet in der Sargassosee in Tiefen von etwa 400–500 m unter der Oberfläche statt. Dort herrschen Wassertemperaturen von 16–17 °C. Die Eier werden durch einen Öltropfen schwebend gehalten und driften in verschiedenen Wasserschichten mit dem Strom, bis die nur wenige Millimeter langen Larven ausschlüpfen. Die mit etwa 5 mm Länge bisher kleinsten gefangenen Aallarven weisen oft noch Reste des Öltropfens sowie eines Dottersacks auf.

SCHMIDT hat sämtliche im Gebiet des Nordatlantiks getätigten Larvenfänge verglichen und kartographiert und konnte feststellen, daß zwischen dem Laichgebiet und den europäischen Küsten gleichzeitig immer drei Larvenjahrgänge „unterwegs" sind. Dabei muß beachtet werden, daß der Weg dieser Larven über 5 000–7 000 km nicht etwa aktiv und zielgerichtet erfolgt. Vielmehr treiben die kleinen Lebewesen mehr oder weniger passiv zusammen mit sonstigem Plankton in Wassertiefen bis zu einigen hundert Metern. Anzunehmen ist, daß ein großer Teil der Larven zugrunde geht, wenn sie durch Strömungen in zu kalte oder auch zu warme Meeresgebiete verfrachtet werden.

Den europäischen Kontinentalsockel erreichen die Larven – vorrangig mit dem Golfstrom – etwa in ihrem dritten Lebensjahr und haben dann eine Länge von rund 75 mm. Ihre Nahrung besteht in diesem Stadium aus Kleinplankton. Etwa bei Erreichen des Kontinentalschelfs beginnt dann die Umwandlung der Larve zum vorläufig noch durchsichtigen Glasaal. Die weidenblattförmige Larve nimmt äußerlich die bekannte Aalgestalt an, das Knochengerüst beginnt sich auszubilden, und auch die inneren Organe formen sich um. Diese Metamorphose ist gleichzeitig mit einer Längenreduzierung auf 60 mm verbunden. Am Ende dieser Phase haben wir dann schon kleine Aale vor uns, die allerdings noch unpigmentiert, also glashell durchsichtig sind. Die kleinen Zähne der Larven haben sich zu den beim erwachsenen Aal bekannten Bürstenzähnen umgewandelt.

Die *Glasaale* ziehen nun aktiv dem flacheren Wasser der Küsten entgegen, wobei sie schon deutlich die Vorliebe für Dunkelheit zeigen, denn sie ziehen tagsüber in Grundnähe und steigen nur nachts in höhere Wasserschichten auf. Die fertig umgewandelten Glasaale beginnen nun auch wieder Nahrung aufzunehmen und wachsen dabei schnell.

Bei Erreichen des eigentlichen Küstengebietes beginnt dann die *Pigmentierung.* Der Rücken der Jungaale färbt sich dunkel, die Bauchseite hell, die Durchsichtigkeit des Glasaals verschwindet. Hier beginnt nun, zu Beginn des 4. Lebensjahres, das nächste Stadium der Aalentwicklung, der Jungfisch wird zum sogenannten Steigaal.

1.5.2. Aufstieg der Jungaale

Die soeben geschilderte Umwandlung vom Glasaal zum pigmentierten Steigaal wird vom Zeitfaktor bestimmt. Das bedeutet, daß diejenigen Küstenstrecken, welche direkt im Einflußbereich des Golfstroms liegen, von den Glasaalen noch vor der Umwandlung in pigmentierte Steigaale erreicht werden, weiter entfernt gelegene Randmeere aber z. B. aufgrund der größeren Entfernung erst nach Abschluß der Umwandlung zum Steigaal. Glasaale treten also vor allem in die Flußmündungen der westeuropäischen Länder ein und wandern dort in oft riesigen Zügen stromauf.
Jene Jungaale, die erst einige Zeit später die Ostsee und damit unsere heimischen Küsten erreichen, sind bereits durchweg pigmentiert und nicht mehr im Glasaalstadium. Dieser Umstand hat eine bestimmte wirtschaftliche Bedeutung. Die oft kilometerlangen Wanderzüge der Glasaale in Westeuropa bieten nämlich Gelegenheit, Millionen dieser Jungfische zu fischen und als Besatzmaterial ins Binnenland zu versenden. Die Tiere sind in diesem Stadium 60–80 mm lang, wiegen im Durchschnitt 0,3 g und werden als Aalbrut bezeichnet.
Die bereits pigmentierten *Steigaale,* wie wir sie in unseren Küstengewässern beobachten können, ziehen nicht mehr wie die Glasaale in ununterbrochener Folge stromauf, sondern vereinzeln sich bereits und halten sich auch mehr am Gewässergrund. Massenfänge zu Besatzzwecken sind daher in einheimischen Gewässern nicht möglich, vielmehr muß bei Bedarf die Aalbrut aus westeuropäischen Ländern importiert werden.
Bereits im Bereich der Küstengewässer und Flußmündungen tritt beim Aufstieg der Jungaale *ein weiteres Phänomen* in Erscheinung, das bis heute noch nicht restlos geklärt ist. Während nämlich ein Teil der Jungfische fast ohne Verzögerung in die einmündenden Fließgewässer aufsteigt, um so weit wie möglich stromauf zu wan-

Abb. 6 Steigaalzug in einem westeuropäischen Fluß

dern, verbleibt ein anderer Teil in den Küstengewässern und wird dort zum Standfisch. Später zeigt sich dann, daß die meisten dieser im Küstenbereich verbleibenden Aale trotz guten Nahrungsangebots ein langsameres Wachstum und eine geringere Maximalgröße aufweisen. Die in die Binnengewässer wandernden Aale dagegen sind wuchsfreudiger, erreichen größere Stückgewichte und stellen später den Großteil der räuberisch lebenden Breitkopfaale.
Gleichzeitig ist erwiesen, daß bei beginnender Laichreife die Aalmännchen wesentlich kleiner sind als die Weibchen.
Es lag nahe anzunehmen, daß die Geschlechtsdifferenzierung bereits im Steigaalstadium beginnt, die zukünftigen Männchen also vorwiegend an der Küste bleiben, die zukünftigen Weibchen dagegen ins Süßwasser aufsteigen.
Ganz so einfach scheint die Erklärung jedoch nicht zu sein. Werden nämlich von den im Küstengebiet verbleibenden Jungaalen aus Reusen- oder Aalkorbfängen sogenannte Satzaale in Binnengewässer eingebracht, so wachsen auch diese zum größten Teil zu gewichtigen Breitkopfaalen – also potentiellen Rogenern – heran. Man neigt daher heute mehr zu der Ansicht, daß Größenwachstum

und damit Geschlechtsdifferenzierung der Aale von der jeweiligen Umwelt bestimmt werden, in der der Fisch aufwächst. Welche Faktoren aber letztlich ausschlaggebend sind, bedarf noch der Klärung. Von Bedeutung könnte z. B. auch die Wassertemperatur sein, die in den meisten Binnengewässern höher liegt als an der Küste.

Kommen wir zunächst zum *Aufstieg der Jungaale.* In früheren Zeiten, als die Fließgewässer noch kaum durch Wehre, Staudämme oder Schleusen verbaut waren, gelangte der Steigaal praktisch in jedes Gewässer, das mit dem Fließgewässer in Verbindung stand. Mit Zunahme der Wasserbauten wurden die Aufstiegsmöglichkeiten jedoch mehr und mehr eingeschränkt, so daß der Oberlauf mancher Flüsse sowie viele Seen heute für den Steigaal auf natürlichem Wege nicht mehr erreichbar sind.

Bereits im vorigen Jahrhundert begann man zu erkennen, daß es lohnender ist, den aufsteigenden Jungaalen an Wehren und Dämmen eine *künstliche Aufstiegsmöglichkeit* zu schaffen, als teuren Besatz für die oberhalb des Hindernisses gelegenen Gewässer zu beziehen. So entstanden Fischtreppen oder Fischpässe, die außer dem Aal auch anderen Fischarten das Überwinden eines Wehres ermöglichen. Meist handelt es sich um am Rande des Wehres angelegte Stein- oder Betonrinnen, in denen die Strömung durch Einbau von Kaskaden und durch ein geringeres Gefälle möglichst reduziert wird. Es hat sich erwiesen, daß für den Jungaalaufstieg schon das Einlegen von Reisig in solche Rinnen genügte.

In verbauten Fließgewässern ohne Fischtreppen versuchen die Steigaale alles nur Mögliche, um trotzdem das Hindernis zu überwinden, und vollbringen dabei ganz erstaunliche Leistungen. Berühmt ist die oftmals beobachtete Überwindung des Rheinfalls von Schaffhausen, wo Jungaale regelrecht über moosbewachsene Felsblöcke emporkletterten. Kurze Strecken außerhalb des Wassers nehmen die Tiere dabei in Kauf. Der *Wandertrieb der Steigaale* sorgt auch heute noch dafür, daß viele Gewässer des Binnenlandes auf natürliche Weise von Aalen besiedelt werden. Sie überwinden beim Aufstieg nicht nur Hindernisse, sondern schlängeln sich z. B. auch durch kleinste Rinnsale und sogar Dränagen und Leitungsrohre, um dahinterliegende Gewässer zu erreichen. Es ist mehrfach bestätigt, daß Steigaale auch durch mit Erde zugesetzte Betonrohre gingen, solange der Grund auch nur etwas feucht war. Es kann unter diesen Umständen gar nicht verwundern, daß unter unseren

Abb. 7 Kletternde Steigaale überwinden Stromschnelle

Vorfahren die abenteuerlichsten Vermutungen über den Werdegang des Aals entstanden, wenn etwa plötzlich auf unerklärliche Weise in einem scheinbar abgeschlossenen Gewässer Aale auftauchten, die förmlich aus dem Schlamm eines Grabens zu entstehen schienen.

In nicht verbauten Fließgewässern steigen die Jungaale mitunter bis in die Forellenregion auf, wobei hier jedoch nicht mit einem ständigen Vorhandensein von Aalen gerechnet werden darf. Weder Wassertemperatur noch Nahrungsangebot, harter Untergrund und starker Lichteinfall sagen dem Aal im Oberlauf von Bächen und Flüssen auf die Dauer zu.

Hat der Jungaal ein ihm zusagendes Gewässer erreicht, so ist die Wanderung abgeschlossen, und für den Aal beginnt die nächste und längste Phase seines Daseins – er wird zum Gelb- oder Freßaal.

1.5.3. Aufwachsen in einheimischen Gewässern

Die Freßphase des Aals, d. h. also die Zeit, die er mehr oder weniger als Standfisch in unseren heimischen Gewässern verbringt, ist im Grunde nichts anderes als eine jahrelange Vorbereitung auf die später erfolgende Abwanderung ins Meer, wo sich die Aale dann als Höhepunkt ihres Lebens einmal fortpflanzen, um dann zu sterben. Während der Periode der Nahrungsaufnahme werden die Reserven angelegt, die dem Fisch wieder die Rückwanderung zur Sargassosee ermöglichen sollen.

Die *Wachstumsgeschwindigkeit* und damit die *Dauer des Aufenthalts* in den europäischen Gewässern können unterschiedlich lang sein. Abhängig ist die Dauer der Freßphase vor allem von Klima, Nahrungsangebot und Bestandsdichte. Erklären wir das näher: Natürlich zuwandernde Aale suchen sich ein Gewässer, das ihnen günstige Bedingungen für das Wachstum bietet. Aale gelangen durch Besatz aber auch in Gewässer, wo sie sich vielleicht von selber nicht angesiedelt hätten, also etwa hochliegende, kalte Gebirgsseen, Talsperren mit kaltem Wasser usw. Hier kann nun der Fall eintreten, daß die jährliche Aktivitätsphase nur wenige Monate beträgt, da die Wassertemperatur zu niedrig ist. Ein Aal, der vielleicht nur vier Monate im Jahr frißt, um die restliche Zeit in Winterruhe zu verbringen, braucht naturgemäß länger zum Erreichen seines endgültigen Gewichts als ein Aal in Gewässern, wo die jährliche Aktivitätsphase durch höhere Temperatur wesentlich länger ist. Ohnehin beginnt ja beim Aal schon in „normalen“ Gewässern der Zuwachs alljährlich erst im Juni, obwohl der Aal bereits im Mai wieder mit der Nahrungsaufnahme nach der Winterruhe beginnt. Er hat zunächst jedoch die Verluste an Körpersubstanz aufzuholen, die während der langen Monate der Winterruhe entstanden sind.

Allgemein wird während der Freßphase des Aals vom sogenannten Gelbaal gesprochen, da sich bei vielen Exemplaren die Körperunterseite mehr oder weniger intensiv gelb färbt. Diese Bezeichnung ist aber nur bedingt richtig, denn viele Aale gleicher Größe werden nie gelb, sondern weisen zeitlebens eine weißliche bis grau-weiße Bauchpartie auf. Treten beide Farbvarianten im gleichen Gewässer auf, was meist der Fall ist, so kann man feststellen, daß die gelbgefärbten Aale im Verhältnis zur Körperlänge das größere Gewicht aufweisen. Auch der Fettgehalt ihres Fleisches ist höher.

Besser als vom Gelbaal wird also in dieser Lebensphase vom *Freßaal* gesprochen.

1.5.4. Abwanderung zum Laichgebiet

Nach unterschiedlicher Aufenthaltsdauer in europäischen Gewässern – die Angaben schwanken zwischen 5 und 20 sogenannten Süßwasserjahren – ist die Freßphase des Aals abgeschlossen und sein Körper bereitet sich nun auf das bevorstehende *Laichreifwerden* vor. Wiederum gehen grundlegende Veränderungen im Aussehen des Fisches, an seinen inneren Organen und in seiner Verhaltensweise vor sich. In der Regel erst später, bei einzelnen Exemplaren aber schon während der Freßphase, beginnen die Geschlechtsorgane sich deutlicher zu entwickeln. Die genannten Einzelexemplare waren es denn auch, die bei wissenschaftlichen Untersuchungen erstmals erkennen ließen, daß es sich beim Aal um einen ganz normalen, zweigeschlechtlichen Fisch handelt. Bis zur zufälligen Entdeckung entwickelter männlicher und weiblicher Geschlechtsorgane in der Leibeshöhle des Aals war man bezüglich der Fortpflanzung auf Vermutungen angewiesen, wodurch die irrtümlichen Vorstellungen von der Jungfernzeugung (Parthenogenese) oder der Herkunft der Aale von der lebendgebärenden „Aalmutter" (Zoarces viviparus), einem auch in der Ostsee vorkommenden Meeresfisch, entstanden.

Auch bezüglich des allmählich laichreif werdenden Aals sollte man sich vor allzu strengen Schemata hüten. Längst nicht alle Aale entwickeln sich so einfach zu abwandernden Laichfischen, wie es die herkömmliche Lehrmeinung beschreibt, vielmehr gibt es hierbei Übergangsstadien der verschiedensten Art.

Allen Aalen, welche die Freßphase abgeschlossen haben, ist das Erwachen des *Rückwandertriebs* in Richtung Meer gemeinsam. Der Zeitpunkt der Abwanderung aus den Binnengewässern kann aber sehr unterschiedlich sein, desgleichen der Beginn der körperlichen Umbildung. Einen guten Anhaltspunkt hierfür liefern z. B. die Fänge der Berufsfischerei mittels sogenannter Aalfänge. Diese Fangeinrichtungen werden meist in Abflüssen größerer Seen fest installiert und geben im Laufe eines Jahres ein fast lückenloses Bild der Abwanderung des Aals aus diesen Gewässern.

Hierbei läßt sich feststellen, daß bereits im zeitigen Frühjahr erhebliche Mengen von stromab wandernden Aalen gefangen werden, wobei sich darunter sowohl fast laich- bzw. wanderreife Exemplare (Blankaale) als auch solche befinden, denen äußerlich nichts

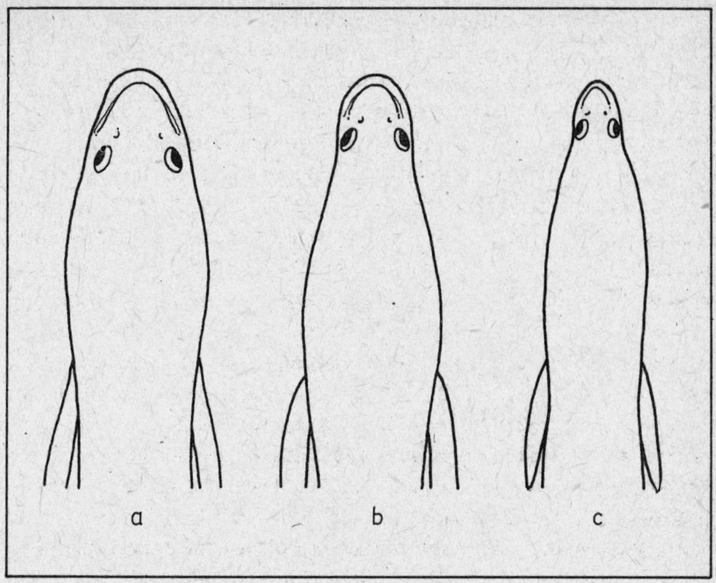

Abb. 8 Verschiedene Wuchsformen des erwachsenen Aals: a – Breitkopf (vorwiegend Großtierfresser); b – Schmalkopf (Allesfresser); c – Spitzkopf (vorwiegend Kleintierfresser)

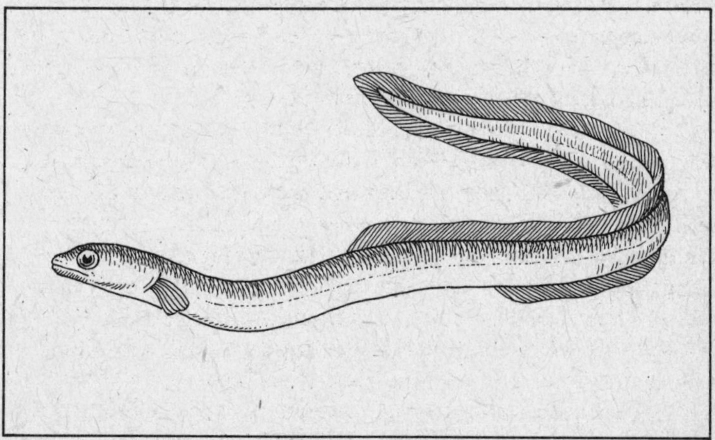

Abb. 9 Abwandernder Blankaal. Auffallend sind die vergrößerten Augen und die silbrige Färbung.

von der Laichreifwerdung anzusehen ist. Diese Mischung verschiedener Stadien setzt sich die Sommersaison hindurch fort, wobei dann allerdings gegen Ende des Sommers die deutlich als Blankaal erkennbaren Stücke überwiegen.

Der nun schon mehrfach erwähnte *Blankaal* gilt als Prototyp des abwandernden, laichreif werdenden Aals. Er ist äußerlich kenntlich durch eine Silberfärbung der Bauchpartie und der Seiten, die dem Rücken zu einen bronze- oder kupferfarbenen Glanz aufweisen kann. Die Augen sind deutlich vergrößert. Einige Forscher wollen beobachtet haben, daß sich beim Blankaal die Breitkopfform in eine mit schmalerem Kopf umwandelt.

Auch die inneren Organe des Blankaals beginnen sich umzuwandeln. Während die Größe der Geschlechtsorgane zunimmt, bildet sich der Darm zurück und die Afteröffnung schließt sich. Dies führte zu der Annahme, daß der abwandernde Aal keinerlei Nahrung mehr aufnähme. Fänge von Blankaalen durch Sportangler und durch Berufsfischer an beköderten Angeln widerlegen die Allgemeingültigkeit dieser Annahme. Es sei übrigens an dieser Stelle erwähnt, daß auch Freßaale in den Küstengewässern mit der Angel gefangen werden, deren Afteröffnung nach der Winterruhe bis in den Sommer hinein deutlich verschlossen ist. Trotzdem nehmen diese Tiere Nahrung auf.

Der Wandertrieb des laichreif werdenden Aals entspricht in seiner Intensität durchaus dem bereits beschriebenen der aufsteigenden Jungaale. Auch hier sucht der Fisch alle Hindernisse zu überwinden, die sich ihm in den vorprogrammierten Weg stellen. Verhältnismäßig leicht gelingt dies stromab bei Wehren und Stauanlagen, die den Aufstieg der Jungaale so erschweren. Problematisch allerdings wird der Wandertrieb dort, wo die Aale durch Besatz in abgeschlossene Gewässer gelangt und dort aufgewachsen waren.

Es ist durchaus wahrscheinlich, daß der Aal auch versucht, ein abgeschlossenes Gewässer auf dem Landweg zu verlassen, wenn der Wandertrieb ihn dazu aktiviert. Aber nur in seltenen Fällen wird dies gelingen, allerdings dürfte hier der Anlaß zu den vielen Geschichten zu suchen sein, in denen über nachts an Land befindliche Aale berichtet wurde und wird. Ich habe erlebt, daß ein in meinem Gartenteich gehaltener Aal versuchte, den Deich zu überklettern, der den Tümpel von einem größeren Gewässer trennt.

Abwandernde Aale nehmen – wie schon beim Steigaal geschil-

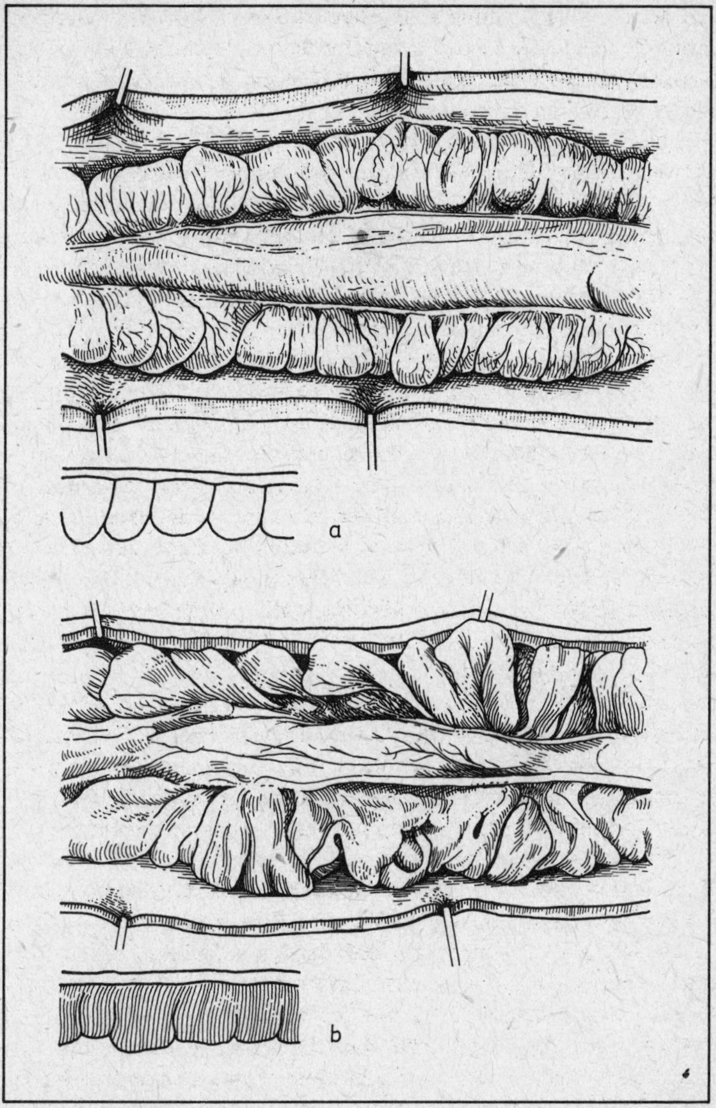

Abb. 10 Geschlechtsorgane bei abwandernden Aalen: a – Lappenorgan (Hoden) des männlichen Aals; b – Krausenorgan (Eierstöcke) des weiblichen Aals

dert – jedes kleine Rinnsal an, um aus einem Gewässer zu entkommen. Ich entsinne mich, daß bei Reinigungsarbeiten an einem verstopften Betonrohr zahlreiche Aale gefunden wurden, die durch den fast trockenen Schlamm regelrechte Gänge gebohrt hatten, um das Rohr zu passieren. Hinter dem Rohr lag ein Torfgewässer, die Wanderrichtung der Aale war auf eine Boddenbucht orientiert.
Oft scheint die Abwanderung der Aale in Intervallen vor sich zu gehen. Man beobachtet z. B., daß Breitkopfaale der Binnengewässer allmählich stromab ziehen und dabei an zusagenden Stellen längere Zeit verharren. Dies geschieht regelmäßig auch in den schwachsalzigen Küstengewässern, bevor sich die Aale endgültig zu großen Zügen konzentrieren und auf die Laichwanderung begeben. Dies geht dann im Herbst vor sich, und zwar in den Monaten September bis November. Die Hauptwanderzüge formieren sich innerhalb dieses Zeitraumes in den dunklen Nächten um die Neumondphase herum. Je nach den über der Ostsee herrschenden Windverhältnissen bevorzugen die Aalzüge verschiedene Zugstraßen, wobei sie vor allem durch Wellengang aufgewühltes, trübes Wasser aufsuchen. Durch die Ostseeausgänge verlassen die Aale dann unser Gebiet und verschwinden in die Tiefen des Atlantiks.

1.5.5. Ablaichen in überseeischen Gewässern

Über die *Wanderwege* des Europäischen Aals, über seine Orientierung und die Zeitdauer der Wanderung nach dem Verlassen der küstennahen Gewässer und der Randmeere ist kaum etwas bekannt. Auch der Laichvorgang selbst konnte noch nicht beobachtet werden. Es ist bereits vermutet worden, daß die abwandernden europäischen Aale die Sargassosee überhaupt nicht erreichen, sondern vorher zugrunde gehen. Dann wären die nach Europa gelangenden Aallarven sämtlich Nachkommen des amerikanischen Aals. Diese Annahme hat sich nach neueren Untersuchungen jedoch nicht bestätigt, so daß wir nach wie vor davon ausgehen müssen, daß unsere einheimischen Aale diese gewaltige Wanderung tatsächlich überstehen und zur Fortpflanzung gelangen. Sicher scheint allerdings zu sein, daß die Tiere nach der Laichablage sterben, denn noch nie wurde ein Aal gefangen, der bereits einmal abgelaicht hatte, was durch genaue Untersuchungen eindeutig festgestellt werden kann.

Über dieser Phase im Leben des Aals liegt also noch immer ein gewisses Geheimnis.
Das angenommene Laichgebiet des Europäischen Aals liegt im sogenannten Nordamerikanischen Becken des Atlantischen Ozeans, der hier Wassertiefen von 5 000–6 000 m aufweist. Es wird begrenzt von den Breitengraden 22° und 30° N sowie den Längengraden 48° und 65° W. Das Laichgebiet des amerikanischen Aals liegt westlicher, überschneidet sich jedoch streckenweise mit dem des europäischen Aals.

1.6. Lebensweise, Ernährung und Standortverhalten während der Wachstumsphase in einheimischen Gewässern

Betrachtet man die Lebensweise des Aals in den einheimischen Gewässern, so muß man auch hier feststellen, daß sie zwei grundsätzlichen Zyklen unterworfen sind. So gibt es den temperaturabhängigen jährlichen Zyklus, bei dem die aktive Freß- und Wachstumsphase der warmen Monate von der Winterruhe in den kalten Monaten abgelöst wird, sowie den weitgehend lichtabhängigen täglichen Zyklus, bei dem gleichfalls aktive (Nacht-) und passive (Tages-) Phasen einander abwechseln. Der *tägliche Zyklus* ist auf die Freßphase der Sommermonate begrenzt. Der Aal frißt und wächst also während seines Aufenthalts in (mittel-)europäischen Gewässern nur etwa sechs Monate lang in jedem Jahr, und auch innerhalb dieses Zeitraumes wieder nur jeweils während eines halben Tages, nämlich vorwiegend in den Abend-, Nacht- und Morgenstunden. Unter dem Strich kommt somit während eines Jahres in unseren heimischen Gewässern nur eine reine Aktivphase von 25% heraus. Natürlich ist eine solche schematische Gliederung nicht für alle Gewässer zutreffend, da z. B. auf tiefem oder trüben Wasser, bei Sturm mit höherem Wellengang, bei stark bewölkten Himmel usw. durchaus auch während des Tages Nahrung aufgenommen wird. Dem steht aber wieder die Tatsache gegenüber, daß die Freßlust des Aals auch während der Sommerperiode durch Kaltlufteinbrüche oder mondhelle Nächte stark zurückgehen kann und daß die Sommernächte kürzer als die Sommertage sind. Somit bleibt die obengenannte Zahl in etwa real.
Auch beim Aalangeln erlebt man so mancherlei Überraschungen,

die scheinbar zu den Darlegungen über die Lebensweise des Fisches in Widerspruch stehen. So berichten immer wieder Sportangler, Aale nicht allzu selten auch bei heller Mittagssonne oder in Vollmondnächten gefangen zu haben. Wer häufig genug auf Aal ansitzt, wird aber bestätigen können, daß solche Fänge die Ausnahme darstellen und Erfolge bei Dunkelheit oder bei trübem Himmel bzw. trübem Wasser deutlich überwiegen.

Der Aal ist seiner Lebensweise nach ein lichtscheuer *dunkelheitsaktiver Fisch.* Am Tage pflegt er sich meist in Verstecke zurückzuziehen, die ihn vor grellem Lichteinfall schützen. Hierzu nimmt er vor allem *Unterschlupfe* am Gewässergrund an, die künstlichen oder natürlichen Ursprungs sein können. Krautbetten, Steine, Höhlungen in der Gewässerböschung, umgestürzte Bäume oder Wurzeldikkicht, das ins Wasser reicht, können dazu dienen. Ebenso gräbt sich der Aal aber auch in Sand, Schlamm, Torf und sogar Ton ein, um ein schützendes Versteck zu haben. Das Eingraben geschieht so, daß der Fisch mit der Schnauzenspitze eine günstig erscheinende Vertiefung des Grundes „anstischt" und sich dann unter schnellen Wellenbewegungen des ganzen, hierbei schräg aufwärts stehenden Körpers in den Grund hineinschiebt. Ist der Körper des Aals in seiner ganzen Länge im Gewässergrund verschwunden, arbeitet sich der Fisch waagerecht weiter und kommt schließlich mit dem Kopf wieder heraus, wo er dann liegenbleibt, so daß er die Kiemen gerade mit Atemwasser versorgen kann. Der Vorderteil des Kopfes ist dann alles, was vom Fisch noch zu sehen ist. Die aufgewirbelte Schlammwolke senkt sich nieder und verdeckt schließlich alle im Grund entstandenen Spuren des Eingrabens. Dieses Eingraben konnte ich oftmals bei meinem seit 1971 im Aquarium gehaltenen Aal beobachten.

Die Fische suchen Unterschlupf, wenn sie ihre Nahrungssuche beendet haben, aber auch, wenn sie gestört werden und Gefahr verspüren.

Außer natürlichen Unterständen werden vom Aal auch künstlich errichtete Wasserbauten aufgesucht, die Schatten und Schutz bieten. Dazu gehören vor allem Brücken, Stege, Molen, Buhnen, Kaimauern usw., desgleichen auch versunkene Gegenstände wie etwa Rohre, Schiffswracks, zerstörte Bauwerke oder unter Wasser vorhandene Steinpackungen, in deren Fugen der Aal gute Versteckmöglichkeiten findet.

Der Aal hat – wie andere Fischarten auch – einen optimalen *Temperaturbereich*, in dessen Grenzen er aktiv ist. Wird eine gewisse Wassertemperatur unterschritten, sei es durch wetterbedingte Abkühlung des Wassers im Sommer oder durch die allgemeine herbstliche Abkühlung, so wird der Fisch inaktiv, nimmt weniger oder schließlich gar keine Nahrung mehr auf und verbleibt in seinem Versteck.

In unseren Gewässern ist mit dem Aktivwerden des Aals im Frühjahr etwa bei 12 °C Wassertemperatur zu rechnen, wobei die Fische allerdings schon bei geringeren Temperaturen die Winterruhe beenden, zunächst jedoch noch keine oder nur wenig Nahrung aufnehmen. Auch während des Winters kommt es in milderen Perioden vor, daß die Aale die Ruhezeit unterbrechen, den Platz wechseln und sich dann wieder eingraben oder verstecken.

Eine obere Temperaturgrenze der Aktivität ist beim Aal nicht bekannt. Da sich die Gewässer Mitteleuropas im Sommer nur selten übermäßig erwärmen, konnten diesbezüglich Beobachtungen noch nicht angestellt werden. Es bleibt zu vermerken, daß bei den üblichen Sommertemperaturen unserer Gewässer die Beißlust des Aals mit steigender Erwärmung zunimmt. Damit liegt der optimale Temperaturbereich dieses Fisches deutlich höher als der der übrigen einheimischen Fischarten, die meist bei zu starker Wassererwärmung ihre Nahrungsaufnahme vermindern oder gar einstellen („Sommerstarre").

Für den Angler ergibt sich aus den geschilderten Tatsachen die Folgerung, den Aal zu Beginn der Saison im Flachen zu suchen, wo das Wasser bereits erwärmt und Nahrung in Form von Fischlaich oder -brut vorhanden ist. Die tiefen Bereiche werden erst gegen Mitte des Sommers beangelt – etwa ab Juli –, da sich die Erwärmung hier verzögert hat. Dem Herbstaal wird dann grundsätzlich auf tiefem Wasser nachgestellt, das sich gegenüber den flacheren Gebieten langsamer abkühlt. Auch hier ist aber in den verschiedenen Gewässern auch mit andersartigen Erfahrungen zu rechnen, so in strömendem Wasser oder an der Ostseeküste.

Obwohl Aale außerhalb des Wassers oft erstaunlich lange am Leben bleiben können, ist ihr *Sauerstoffbedarf* doch nicht so gering, wie oft angenommen wird. So gehören beim Ausfrieren flacher Gewässer die Aale regelmäßig zu den ersten Fischarten, die tot aufgefunden werden, da am Grund des Gewässers der Sauerstoff zuerst aufgebraucht ist. Bei starker Sauerstoffzehrung im Sommer – z. B. durch Eutrophierung, Schadstoffeinleitung usw. und/oder starke Wassererwärmung – kommen neben anderen Fischarten auch die vorhandenen Aale um. Der Sauerstoffbedarf des Aals ist auf jeden Fall höher als etwa bei Karausche oder Schleie. Sauerstoffmangel äußert sich beim Aal sofort durch mangelnde Beißlust.

Während seiner *Freßphase* in den warmen Monaten nimmt der Aal unter normalen Bedingungen intensiv Nahrung auf. Dabei ist der Fisch wenig wählerisch, und die Unterscheidung in ausschließliche Groß- bzw. Kleintierfresser trifft nicht zu. Der Breitkopfaal ist aufgrund seines Körperbaus in der Lage, größere Beutetiere wie Fische und Frösche zu fressen, und er nimmt diese Beute daher ohne weiteres an, wenn er sie erlangen kann. Daneben fressen aber auch große Breitkopfaale regelmäßig Kleinnahrung wie Würmer, Weichtiere, kleinere Krebstiere und sogar Wasserinsekten bzw. im Wasser lebende Insektenlarven.

Der kleinere Spitzkopfaal, der die letztgenannte Nahrungspalette bevorzugen muß, weil er einen engeren Schlund hat, verschmäht trotzdem keinesfalls Fischbeute, wenn er sie zu bewältigen in der Lage ist. Mein oben bereits erwähnter Aquarienaal, ein Spitzkopf, griff sogar größere Fische an und biß ihnen Stücke aus Bauch-, After- und Schwanzflossen – und dies nicht etwa aufgrund von Futtermangel. Größere Beutetiere können vom Aal regelrecht zerfetzt werden, indem er sie packt und durch schnelles Drehen um seine Längsachse Stücke aus der Beute herausreißt. In der Regel werden aber Beutetiere bevorzugt, die dem Aal paßrecht erscheinen. Beim Angeln mit Fischködern nimmt der Angler daher vorzugsweise schlanke Fischarten wie etwa Ukelei, Gründling, Stint oder – im Meer – Tobiasfisch, Sprotte und Junghering.

Zu erwähnen ist noch, daß der Aal mit Vorliebe Fischlaich frißt, so daß er im Frühjahr und Frühsommer regelmäßig in sehr flachem Wasser an den Laichplätzen der heimischen Cypriniden-Arten anzutreffen ist.

Zum *Standortverhalten* des Aals wurde bereits einiges gesagt. Ergänzt werden muß noch, daß der Aal während der nächtlichen Nahrungssuche ein ganz abweichendes Verhalten zeigen kann. So kommen die Fische in dunklen Nächten bis in allerflachstes Wasser hinein, was so mancher Nachtangler nicht berücksichtigt (vgl. 3.2.3.). Oft jagen die Aale während der Dunkelheit auch in Oberflä-

chennähe nach hochstehender Beute. Dieses spezielle Standortverhalten des Aals setzt in der Regel nach Einbruch der Dunkelheit ein und dauert bis gegen Mitternacht an. Dann wird häufig eine Freßpause eingelegt, und erst kurz vor der Morgendämmerung fangen die Fische noch einmal an zu beißen. Danach ziehen sie sich in Verstecke oder auf tieferes Wasser zurück. Das geschilderte Freßverhalten des Aals kann stark vom jeweiligen Wetter beeinflußt werden.
Eine weitere Besonderheit im Standortverhalten des Aals kann man in einigen tiefen Binnenseen feststellen. Dort nämlich, wo Kleinfischschwärme regelmäßig im Freiwasser auf bestimmten Wassertiefen ziehen, ist auch der sie verfolgende größere Aal zu finden, oft im Bereich der Sprungschichten, auf jeden Fall aber weit oberhalb des Gewässergrundes. In sehr tiefen Seen jagt der Aal dort auch am Tage, da eine Sprungschicht hier durchaus auf 12–15 m Wassertiefe liegen kann, wo es dann zumindest kein grelles Tageslicht mehr gibt. Bekannt ist ein solches Verhalten des Aals vor allem aus Seen mit Maränen- oder Stintvorkommen, aber auch Ukelei- und Plötzenschwärme werden verfolgt.

1.7. Wachstum, Alter, Maximalgröße und Rekordfänge

Das *Wachstum des Aals* während seines Aufenthalts in unseren Gewässern geht in Intervallen vor sich, die weit deutlicher ausgeprägt sind als bei anderen Fischarten. Dies ist eine Folge des bereits erwähnten jährlichen Zyklus mit einer Winterruhe ohne Nahrungsaufnahme. Während der Wintermonate zehrt der Aal lediglich von den im Vorjahr angelegten Körperreserven. Auch nach dem Eintritt in die nächste Freßphase, also im Frühjahr bis Frühsommer, dauert es einige Wochen, bis beim Aal wieder eine Gewichtszunahme festzustellen ist.
In *Gewässern mit ganzjährig kaltem Wasser* bleibt der jährliche Zuwachs des Aals besonders gering. Dies ist z. B. in manchen Hochgebirgsseen der Fall, in die der Aal durch Besatzmaßnahmen gelangte. Im Gegensatz dazu ist ein sehr gutes Abwachsen dort zu erreichen, wo Aale das ganze Jahr über im Warmwasser gehalten werden, wie es bei den in verschiedenen Ländern bereits unternom-

menen Versuchen zur industriellen Aalmast geschieht. Hier werden meist erwärmtes Kühlwasser aus Kraftwerken oder auch direkt zu diesem Zweck künstlich beheizte Bassins genutzt. Der Aal frißt in erwärmtem Wasser während des ganzen Jahres und nimmt entsprechend zu.

Abgesehen von solchen Extremfällen interessiert uns nun aber das *normale Wachstum* des Fisches in unseren einheimischen Gewässern. Hier muß die Tatsache beachtet werden, daß die späteren Männchen wesentlich kleiner bleiben als die zukünftigen Rogener. Für die Männchen werden folgende maximale Längenwerte angegeben: 49 cm (SMOLIAN), 50 cm (BAUCH), 40–45 cm (H. MÜLLER). Die Weibchen des Breitkopftyps können dagegen Längen bis zu 150 cm erreichen.

Die Endgröße erreicht der Aal in unseren Gewässern etwa im 9.–10. Süßwasserjahr. Über Ausnahmen wurde bereits berichtet. Im Durchschnitt haben die Aale unserer Gewässer bei bestimmten Längen folgende Gewichte (nach BAUCH):

23 cm =	16 g
35 cm =	50 g
41 cm =	100 g
50 cm =	200 g
150 cm =	6 000 g

Männchen bringen bei gleicher Länge etwas weniger auf die Waage als Weibchen, gleichfalls gilt dies für das Verhältnis bei gleich langen Spitzkopf- und Breitkopfaalen. Neben der Wassertemperatur ist für das Wachstum des Aals sowie für das Verhältnis Körperlänge / Gewicht auch noch die Bestandsdichte von Wichtigkeit, d. h. also der je Fisch zur Verfügung stehende Lebensraum und dessen Nahrungsangebot. So sind mehr oder weniger große Abweichungen von den obengenannten Werten möglich.

Auch bezüglich des vom Aal erreichbaren *Alters* gibt es Besonderheiten. Wächst der Aal in Gewässern auf, die eine problemlose Abwanderung bei beginnender Laichreife ermöglicht, so wandern viele Fische bereits zwischen dem 6. und 10. Süßwasserjahr wieder ab, die Männchen früher als die Weibchen. Werden Aale jedoch an der Abwanderung gehindert, weil sie sich in abflußlosen Gewässern oder in Gefangenschaft befinden, so können sie ohne weiteres 20 Lebensjahre und mehr erreichen.

Im Einzelfall sind von in Gefangenschaft gehaltenen Aalen noch weit höhere Altersangaben bekanntgeworden, so von einem Aal in Frankreich 37 Jahre und einem aus Schweden 55 Jahre. Im Museum von Hälsingborg hat ein Aal sogar von 1863 bis 1948 gelebt (nach H. MÜLLER). Auch bei meinem seit 1971 im Aquarium gehaltenen Aal sind noch keine Anzeichen von Blankwerden oder Wandertrieb feststellbar. Der Fisch wurde 1971 mit einer Länge von etwa 20 cm eingesetzt und hatte 1987 etwa 55 cm Länge erreicht. Als Sonderfall muß auch der männliche Aal „Max“ gewertet werden, der von BECKER 1933 als Glasaal gefangen und dann bis 1978 in Gefangenschaft gehalten wurde, zuletzt im Tierpark Berlin. Dieses Tier zeigte alle Merkmale eines typischen Blankaals (nach KORMANN).

Ähnliches gilt für die erreichbaren *Maximalgewichte.* Bei normal abwandernden Aalen kann angenommen werden, daß sie ihr theoretisch erreichbares Maximalgewicht noch nicht aufweisen, wenn die Laichreifwerdung einsetzt. Andere Werte erhält man dagegen von Aalen, die in abflußlosen, größeren Gewässern mit gutem Nahrungsangebot überdauern müssen. So sind z. B. besonders große Aale aus dem abflußlosen Arendsee bekanntgeworden. In der Literatur findet man Meldungen von Aalen mit 6 kg Stückgewicht bei Längen um 150 cm. In der Gefangenschaft werden solche Gewichte auch bei Erreichen eines hohen Alters wohl kaum auftreten, da

Tabelle 1 Rekordmeldungen aus einigen europäischen Ländern

Länder im Einzugsbereich natürlicher Aalzuwanderung			Länder, in denen Aalbestand vorwiegend durch Besatz aufgebaut wurde		
DDR	3900 g	(1971)	Ungarische VR	3760 g	(1972)
BRD	5280 g	(1981)	Österreich	3650 g	(1982)
Niederlande	2620 g	(1981)	VR Bulgarien	2300 g	(1975)
England	2292 g	(1972)	ČSSR	3250 g	(1976)
Irland	5400 g	(1975)			
Frankreich	3450 g	(1981)			
Schweiz	4580 g	(1981)			
Italien	2800 g	(1980)			
VR Polen	4070 g	(1976)			
Schweden	3650 g	(1979)			

hier der Raumfaktor offenbar eine das optimale Wachstum begrenzende Größe ist.

Interessant sind in diesem Zusammenhang die seit Jahren in anglerischen Fachzeitschriften vieler Länder veröffentlichten *Fangmeldungen von Sportanglern.* Sie dürften in den allermeisten Fällen als gesichert gelten, da fast überall vor einer Veröffentlichung Beweise wie Fotos, Zeugen oder sogar amtliche Beglaubigungen gefordert werden.

Die Angaben in der Tabelle 1 wurden den Fachzeitschriften „Deutscher Angelsport“, „Blinker“, „Fisch und Fang“ sowie „Fisch-

Tabelle 2 Fangmeldungen von Aalen über 1500 g aus der DDR

Jahr	1500–2500 g	2501–3000 g	3001–3500 g	>3500 g	Gesamt
1966	14	1	—	—	15
1967	17	—	—	—	17
1968	10	2	—	—	12
1969	14	1	—	1	16
1970	10	1	—	—	11
1971	8	1	1	2	12
1972	10	1	—	—	11
1973	13	1	—	1	15
1974	13	2	1	1	17
1975	17	1	2	—	20
1976	12	1	1	—	14
1977	16	1	2	—	19
1978	17	3	—	—	20
1979	14	3	1	1	19
1980	13	3	1	—	17
1981	22	2	—	—	24
1982	16	1	2	—	19
1983	16	2	—	—	18
1984	12	6	—	—	18
1985	25	4	2	—	31
1986	18	2	—	—	20
Gesamt:	307	39	13	6	365
= %:	84,1	10,7	3,6	1,6	

waid“ entnommen. Sie können lückenhaft bzw. auch bereits überholt sein, geben aber trotzdem ein anschauliches Bild über die in Europa gefangenen größten Aale des letzten Jahrzehnts.
Die Gewichte sind in Gramm angegeben, das Jahr der Fangmeldung wurde in Klammern hinzugefügt.
In Tabelle 2 wird die Größenzusammensetzung von in der DDR gefangenen und gemeldeten Aalen seit 1966 dargestellt. Es wurden Fänge ab 1 500 g Stückgewicht ausgewertet. Die Angaben basieren auf den Meldungen zum Wettbewerb „Fisch des Jahres“ der Zeitschrift „Deutscher Angelsport“.
Aus dieser Zusammenstellung ist zu ersehen, daß die Größenklasse zwischen 1,5 und 2,5 kg den größten Anteil der gemeldeten kapitalen Aale stellt und Exemplare über 3 kg selten gefangen werden.
Auch in anderen Ländern werden Wettbewerbe dieser Art durchgeführt. So liegen z. B. aus der BRD für das Jahr 1983 folgende Meldungen vor (nach „Blinker“):

1500–2500	2501–3000	3001–3500	>3500
7	4	6	2
36,9%	21,0%	31,6%	10,5%

1.8. Krankheiten und Feinde

Abgesehen von Erkrankungen und Beeinträchtigungen des Aalbestandes durch chemische, toxische und/oder sauerstoffzehrend wirkende Stoffe, die mit Abwasser in die Gewässer gelangen können, sind es vor allem zwei Krankheiten, die an dieser Stelle zu nennen sind.
Eine der folgenschwersten Erkrankungen der Aale ist die *Aalrotseuche*, die Bestände erheblich dezimieren kann. Der Erreger ist ein Bakterium. Die Aalrotseuche kann im Süßwasser auftreten, kann aber auch auf das küstennahe Brackwasser beschränkt sein; man hat festgestellt, daß es sich hier um zwei von verschiedenen Erregern hervorgerufene Formen der Krankheit handelt, obwohl sich das äußere Erscheinungsbild durchaus gleicht. Es wird jedoch heute von der Süßwasseraalseuche und von der Salzwasseraalrotseuche gesprochen.

Die Aalrotseuche verursacht bei den befallenen Fischen folgende äußere Erscheinungen (ZEISKE nach SCHÄPERCLAUS):

- Unterschiedlich starke Rotfärbung des Körpers, vor allem im Bereich des Bauches, des Afters und der Flossensäume,
- weiß oder grau erscheinende Flecken in der Schleimhaut, die an diesen Stellen zerstört erscheint,
- im späten Stadium offene Stellen an der Oberhaut, die bis ins Muskelgewebe reichen,
- beulenartige Geschwüre, besonders am Kopf,
- taumelnde Bewegung der Fische, die oft an die Oberfläche oder in flaches Wasser kommen und keine Fluchtreflexe mehr zeigen.

In den meisten Fällen tritt der Tod ein, es gibt aber auch Fälle, in denen leichter erkrankte Aale wieder gesunden und dann gegen eine erneute Infektion immun sind. Solche wieder genesenen Fische weisen oft Vernarbungen der Oberhaut oder Verkrümmungen der Wirbelsäule im Schwanzbereich auf.

Das letzte große Massensterben an der Rotseuche erkrankter Aale war in unseren Küstengewässern in den Jahren 1980–1982 zu verzeichnen. Die Aalrotseuche ist in unseren Gewässern fast ständig an einzelnen Exemplaren des Aals nachweisbar, führt aber nur in größeren Zeitabständen (etwa 20 Jahre) zu Massenbefall und Bestandsverlusten. Vor allem bei größeren Aalen ist dann die Sterblichkeit groß. Im Brackwasser scheint der Erreger vor allem die in Winterruhe befindlichen Aale zu befallen und die Erkrankung tritt dann im Frühjahr bis in den Frühsommer in das akute Stadium.

Eine Ansteckungsgefahr für den Menschen soll nicht bestehen, trotzdem sollten Tiere mit starken äußeren Krankheitsanzeichen verworfen werden, da sie zumindest unappetitlich sind und da auch Veränderungen der inneren Organe bestehen. Der Angler wird allerdings von der Rotseuche befallene Aale kaum an den Haken bekommen, da diese offenbar die Nahrungsaufnahme einstellen.

Eine zweite, ziemlich häufige Aalkrankheit ist die *Blumenkohlseuche*, die vorwiegend im Brackwasser, gelegentlich aber auch in Binnengewässern beobachtet wird. Die äußeren Anzeichen sind blumenkohlartig geformte Geschwülste am Kopf, vorwiegend am Maul, die früher oft Anlaß zu der Vermutung gaben, der Aal habe sich hier an einem Angelhaken verletzt und die Wunde sei entartet. Der Erreger der Krankheit ist ein Virus. Es werden vor allem kleinere Aale befallen. Die befallenen Tiere werden durch die Ge-

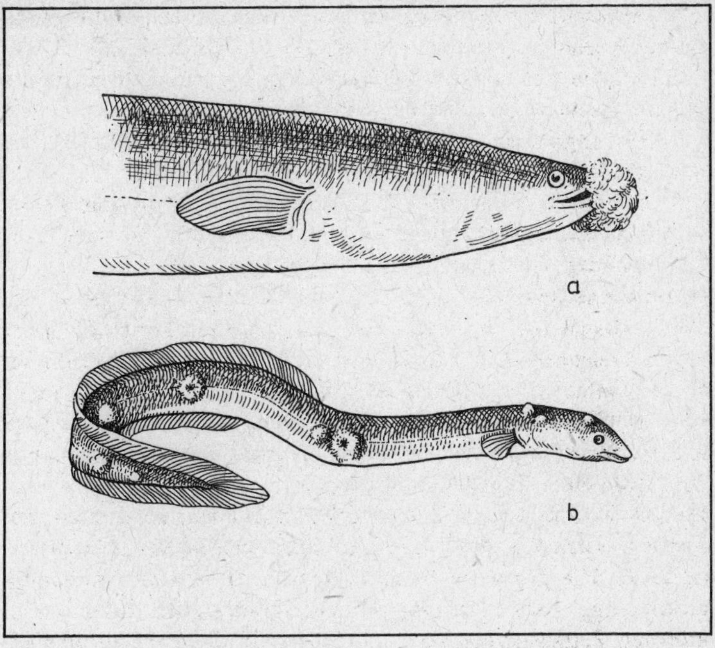

Abb. 11 Äußeres Erscheinungsbild wichtiger Aalkrankheiten: a – Blumenkohlkrankheit; b – Aalrotseuche

schwulst am Fressen gehindert, magern ab und können eingehen. Wie andere Fischarten auch, können Aale von weiteren Außen- und Innenparasiten verschiedener Art befallen werden, die Schädigungen nehmen aber selten größere Ausmaße an.

Wenn von den *„Feinden" des Aals* gesprochen werden soll, dann muß man zunächst einschränken, daß es sich hierbei um „Lebewesen, von denen der Aal vertilgt werden kann", handelt (nach SMOLIAN). Diesem Vertilgen des Aals durch andere Lebewesen sind aber durch seine verborgene und dunkelheitsaktive Lebensweise deutliche Grenzen gesetzt. So erleidet der Aal vor allem während seines Larven- und Glasaalstadiums größere Bestandsverluste, und zwar sowohl durch andere Fische, durch Wasservögel und auch durch den Menschen (Aalbrutgewinnung).

Die letztgenannte Beeinträchtigung ist allerdings nur eine scheinbare, da die gefangenen Jungaale ja wieder ausgesetzt werden. Leider werden größere Mengen von Glas- und Steigaalen jedoch seit einigen Jahren in westeuropäischen Ländern auch als Delikatesse vermarktet und sogar industriemäßig verarbeitet, u. a. in Form von Konserven. Hierdurch kann natürlich in der Folge eine Verminderung der Aalbestände europäischer Gewässer eintreten.

Der größere Aal wird nur noch gelegentlich von anderen Lebewesen erbeutet, eine Bestandsgefährdung ergibt sich daraus nicht. Robben, Fischotter, Wanderratte, See- und Fischadler, Reiher, Kormoran und Möwen gelingt es wohl hin und wieder, einen Aal zu fangen, ich konnte sogar einmal einen Schwan beobachten, der mit dem Schnabel einen Aal erfaßt hatte. Im Wasser selbst sind es wohl vor allem Hecht, Wels und größere Quappe, die dem Aal gezielt nachstellen, im Salzwasser wurde von Tauchern auch der Seeskorpion beim Aalfang beobachtet. Mitunter fangen sich größere Raubfische an Grundschnüren der Fischer auf die Weise, daß sie einen bereits am Haken sitzenden Aal erfaßten, der ihnen aber durch die Kiemenspalte wieder entwischte und die Schnur verknotete.

Immerhin versuchen alle möglichen Raubfische, den wohlschmekkenden Aal zu erbeuten, so daß beim Angeln auf Hechte, Barsche, Zander, Forellen u. a. die Weichplastimitation eines Jungaals als Kunstköder besonders gute Erfolge bringt.

Der größte Feind des Aals ist aber der Mensch, der eine Reihe von effektiven Methoden entwickelt hat, des Aales trotz seiner verborgenen Lebensweise habhaft zu werden. Auch die vom Menschen

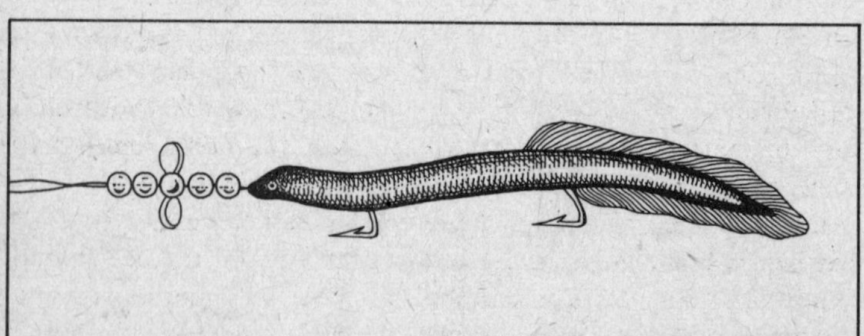

Abb. 12 Künstlicher Aal aus Weichplast als Raubfischangelköder

durchgeführten Schon- und Besatzmaßnahmen dienen ja letztlich dem Zweck, später eine hohe Ausbeute zu erzielen.
Auch gegen die vom Menschen verursachten Schädigungen vieler Gewässer ist der Aal durchaus nicht unempfindlich.

1.9. Wirtschaftliche und sportliche Bedeutung

Die wirtschaftliche Bedeutung einer Fischart hängt u. a. auch weitgehend von ihrer Beliebtheit in Verbraucherkreisen ab. Der Aal gehört nun seit jeher zu den beliebtesten Speisefischen überhaupt und wurde bereits im Altertum hoch bezahlt. Im Mittelalter gehörte er unbedingt zu den Schlemmermahlzeiten der Feudalherren. Aus den traditionellen Fanggebieten wurde er – vor allem in gesalzener Form – in alle möglichen Länder verschickt und war also auch dort begehrt, wo er natürlicherweise nicht vorkam.
An unseren Küsten war die *Aalfischerei* früher ein Privileg, das einigen Fischern deutlichen Wohlstand gegenüber der Masse ihrer Berufskollegen brachte. An manchen Orten hatten die Aalfischer im Mittelalter sogar ihre eigene Zunft, und das einmal verliehene Recht zur Aalfischerei wurde vom Vater auf den Sohn vererbt.
Die aus den Fangstatistiken zu entnehmenden, gewichtsmäßig relativ geringen Mengen von gefangenen Aalen dürfen nicht darüber hinwegtäuschen, daß der Aalfang wirtschaftlich schon immer eine große Rolle in der Berufsfischerei gespielt hat, da der Fisch bis in die heutige Zeit hinein schon immer hoch bezahlt wurde. Nach Angaben von SMOLIAN wurden schon 1913 im Kleinverkauf an den Endverbraucher folgende Preise je kg Aal erzielt:
In Mecklenburg 2,80–3,00 Mark, in Hamburg bis 2,40, in Sachsen 7,50–8,00 M. Der Fischer erhielt dagegen in den genannten Gebieten Preise von 2,00–2,20 M in Mecklenburg, 1,60 M in Hamburg und bis zu 7,00 M in Sachsen. Kleine Aale wurden allerdings wesentlich billiger gehandelt.
Anfang der siebziger Jahre betrug der Anteil der wichtigsten Aalarten am Weltfischfang etwa 1 % (= 40 000–50 000 t). Daran waren zur Hauptsache der Europäische Aal (Anguilla anguilla) und der Japanische Aal (Anguilla japonica) zu ungefähr gleichen Teilen beteiligt. Interessanterweise stammt die weitaus größte Menge des japanischen Aalertrags aus Teichwirtschaften.

In der DDR werden die größten Aalerträge aus den Küstengewässern erbracht. Dies ist auch in den übrigen Anliegerstaaten von Ost- und Nordsee der Fall, und der Grund dafür ist in der Lebensweise des Aals zu suchen. Die Konzentration abwandernder Blankaale auf bestimmten Wanderstraßen ermöglicht durch dort aufgestellte Fangeinrichtungen (Großreusen) bei günstigen Bedingungen Massenfänge, so daß z. B. 1963 der Aal in der Fangstatistik der DDR-Küstengewässer auch gewichtsmäßig an erster Stelle vor anderen Süßwasserfischarten stand (nach SCHLUMPBERGER).
Außerhalb der Blankaalsaison im Herbst wird dem Aal an der Küste in den warmen Monaten mit kleineren Reusen, Aalkorbketten, Langleinen (Grundschnüren) und mittels der Zug- und Schleppnetzfischerei nachgestellt. In der Binnenfischerei kommt dazu noch der Einbau von Aalfängen im Abfluß von Seen, das Aufstellen von Hamen in Flüssen sowie die Elektrofischerei im Gelege oder mit dem Schleppnetz.
Um die Lichtscheu des Aals auszunutzen, hat man auch bei uns Versuche angestellt, Reusenwehre durch Lichterketten zu ersetzen, vor denen der nachts ziehende Aal ausweicht und in Fangkammern geleitet wird.
Außer in Japan, das auf diesem Gebiet eine absolute Vorrangstellung einnimmt, sind auch in einer Reihe anderer Länder in zunehmendem Maße Versuche zur *industriellen Aalmast* in Gang gekommen. Im Prinzip wird dabei so verfahren, daß importierte bzw. im eigenen Territorium abgefangene Glas- oder Steigaale in Warmwasser (z. B. in erwärmtem Kühlwasser von Kraftwerken oder Industriebetrieben) gehalten und das ganze Jahr über intensiv gefüttert werden. In einem Jahr sind dabei Aale schon bis zu Gewichten von 350 g abgewachsen (Hälsingborg/Schweden). In der letztgenannten Anlage ist es z. B. theoretisch möglich, bei voller Auslastung der Kapazität bis zu 2 000 t Aal pro Jahr zu „ernten".
Übrigens ist die Aalintensivhaltung keine Erfindung der Neuzeit, wenn auch heute ganz andere Möglichkeiten dafür zur Verfügung stehen. Immerhin ist aber schon vor Jahrhunderten eine Teichwirtschaft mit Aalen erfolgreich in Lagunen Italiens betrieben worden, und auch in Japan begannen derartige Unternehmungen schon vor über hundert Jahren.
Bei der Betrachtung der *sportlichen Bedeutung* des Aals muß man davon ausgehen, daß auch hier die Beliebtheit des Fisches zu Spei-

sezwecken eine deutliche Rolle spielt. Daneben ist aber beim Sportangler ein weiterer Faktor bestimmend dafür, daß sich viele Sportfreunde während der Sommermonate intensiv dem Angeln auf Aal widmen und sich dabei so manche Nacht um die Ohren schlagen. Es stellt nämlich ein besonderes Erfolgserlebnis dar, den heimlich und versteckt lebenden Aal unter Ausnutzung der Kenntnis seiner Lebensgewohnheiten gezielt anzugehen und zu fangen. Besonders beim Nachtangeln, aber auch bei dem für den Aalfang besonders günstigen unwirtlichen Wetter, also unter für den Angler erschwerten Bedingungen, kommt durchaus ein Hauch von Abenteuer dazu, der jeden Fangerfolg zu einem besonderen Erlebnis werden läßt. Darum lassen sich passionierte Aalangler auch von zeitweiligen Mißerfolgen nicht so leicht abschrecken und nehmen alle unangenehmen Begleiterscheinungen des Angelns in Kauf – Mückenschwärme, Regen- und Gewitternächte, unwegsames Gelände usw. Ein erfolgreicher Aalsommer wiegt dann alles wieder auf. Das Fehlen eines eigentlichen Drills, wie er bei anderen Sportfischen das hauptsächliche sportliche Erlebnis darstellt, wird im Bewußtsein des Aalanglers dadurch ausgeglichen, daß es mannigfaltige andere Schwierigkeiten gibt, den Fisch sicher zu landen.

1.10. Besatz-, Hege- und Schonmaßnahmen

Der regelmäßige Bestand an Aalen in einem Gewässer ist heutzutage weitgehend von einer *durchdachten Bewirtschaftung* abhängig, in manchen Gewässern überhaupt erst durch das Eingreifen des Menschen möglich. Im Gegensatz zu anderen Fischarten ist eine Besiedlung von abgeschlossenen Binnengewässern durch Aale auf dem Wege der Übertragung von Laich oder Jungfischen durch Wasservögel o. ä. nicht möglich. Ist eine natürliche Zuwanderung aufsteigender Jungaale nicht gegeben, so muß der erwünschte Aalbestand durch künstlichen Besatz aufgebaut und dann durch ständige Wiederholung dieser Maßnahme erhalten werden.
Diese Notwendigkeit hat man schon früh erkannt und daher bereits seit langem viele dafür geeignete Binnengewässer regelmäßig mit Aalbrut oder Satzaalen versehen. Für unser Territorium besteht heute das Problem, daß Glas- oder Steigaale – also die sogenannte Aalbrut – aus anderen Ländern importiert und hoch bezahlt wer-

den müssen. Man greift daher in zunehmendem Maße auf die bereits etwas größeren Satzaale zurück, die in eigenem Aufkommen – etwa durch Aalkörbe und Reusen in der Küstenfischerei – gefangen werden und noch keine Handelsgröße haben.

Die *Hege- und Schonmaßnahmen* sind etwas anders orientiert als bei anderen einheimischen Fischarten. Beim Aal kommt es nicht darauf an, den heranwachsenden Fischen Laichmöglichkeiten in unseren Gewässern zu gewährleisten, sondern vielmehr darauf, ein ungestörtes und schnelles Wachstum bis zur Fangreife zu ermöglichen. Diesem Zweck dienen gesetzliche Auflagen wie Festsetzung eines Mindestmaßes, Verbot bestimmter Fangmethoden und -geräte (z. B. Aalspeer, Aalharke) sowie eine Fangbegrenzung für Sportangler.

Gefährlich könnte eines Tages der heute zu beobachtende Trend zur möglichst restlosen Abfischung der abwandernden Blankaale werden. Es wird mitunter argumentiert, daß die abwandernden Aale ja nie wiederkämen und der Wirtschaft also verlorengingen. Diese Ansicht ist kurzsichtig, da über das Laichgeschehen im Atlantik noch keine restlose Klarheit besteht. Hier sind von der Fischereiforschung noch wichtige Aufgaben zu lösen. Auch die bereits erwähnte Nutzung von Glas- und Steigaalen zur menschlichen Ernährung kann sich in Zukunft negativ auswirken, desgleichen die immer noch zunehmende Schadstoffbelastung vieler ins Meer mündender Fließgewässer.

2. Die einheimischen Gewässer und ihre Aalbestände

Bereits bei der Besprechung von Verbreitung und Standortverhalten des Aals wurde einiges über die Gewässer gesagt, in denen wir den Fisch vorfinden. Hier sollen nun noch einmal konkrete Hinweise über das Vorkommen des Aals in den einzelnen Gewässertypen gegeben werden.

2.1. Binnengewässer mit natürlicher Aalzuwanderung

Ein regelmäßiger und etwa gleichbleibender Aalbestand ist in allen Gewässern gegeben, die mit Nord- oder Ostsee in ständiger Verbindung stehen. Ist zwischen einzelnen Gewässern eine überwindbare Wasserverbindung gegeben, so kann man davon ausgehen, daß sie von aufsteigenden Jungaalen auch angenommen wird und die oberhalb davon liegenden Gewässer besiedelt werden. Natürlicher Aalaufstieg findet auch dort noch statt, wo Wiesen- oder Drainagegräben bzw. auch überschwemmte Niederungen eine Verbindung zwischen Gewässern darstellen. Es ist mir sogar ein Fall bekannt, wo Aale eine rinnenartige Senke zwischen zwei Seen durchwanderten, die nur zeitweise nach starken Regenfällen unter Wasser stand.

2.1.1. Fließgewässer

Alle auf unserem Territorium befindlichen Fließgewässer stehen mit dem Meer in Verbindung und haben also einen regelmäßigen Aalbestand. Sind keine unüberwindlichen Wasserbauten vorhanden, so zieht der Aal in die *Oberläufe* der Fließgewässer so weit hinein, wie ihm die dort herrschenden Wassertemperaturen noch zusagen. Regelmäßig besiedelt ist noch die *Barbenregion*, weniger schon die kälteren Mittelgebirgsbäche der Forellenregion. Wenn überhaupt, trifft man dort überwiegend einzelne Aale der Breitkopfform an. Für den Bewirtschafter solcher Gewässer ist der Aal uner-

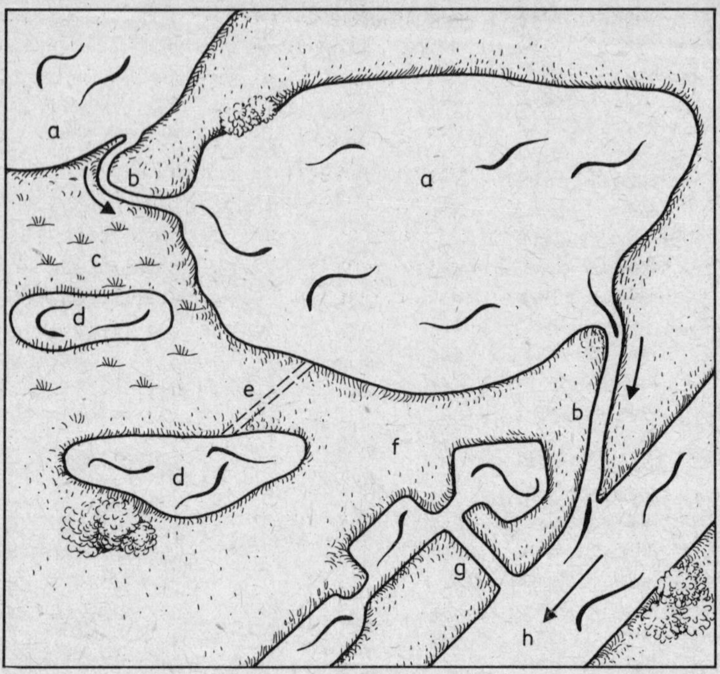

Abb. 13 Gewässersystem mit natürlicher Aalzuwanderung in oder durch Seen (a), Flüsse (h) und Bäche (b). Abseits gelegene Teiche (d) und Torfstiche (f) werden durch Verbindungsgräben (g), Dränagen (e) oder über feuchte Sumpfwiesen (c) besiedelt.

wünscht, da er Laich und vor allem Jungfische wertvoller Fischarten vertilgt (Bachforelle, Äsche), sich aber nur schwer fangen läßt. Erst das heute weitgehend eingeführte E-Aggregat bietet bessere Möglichkeiten zum Abfischen unerwünschter Aale.

In den *tiefer gelegenen Regionen* der Fließgewässer dagegen ist der Aal ein wichtiger Wirtschafts- und Sportfisch. Leider speichert er aufgrund seines hohen Fettgehalts besonders stark bestimmte Schad- und Geschmacksstoffe, so daß er bei der heutigen Belastung mancher Flüsse dort kaum noch genießbar ist (Elbaale). Nur durch sehr lange Hälterung in reinem Wasser läßt sich dann eine Geschmacksverbesserung erzielen. So werden Fänge der Berufsfischerei z. B. in saubere Bracks oder Altwasser umgesetzt und später mit Hilfe des Elektroaggregats erneut abgefischt. Für den Sportangler ist eine genügend lange Hälterung nicht immer durchführbar, da die Badewanne manchmal ja auch von der Familie beansprucht wird.

Zwischen den einzelnen Regionen der Fließgewässer führen die dort heimisch gewordenen Aale *alljährlich Wanderungen* aus, indem sie im Sommer auch in kleinere und flachere Wasserläufe hineingehen, die sie aber zum Herbst wieder verlassen, um an tiefen, schlammigen Stellen der größeren Flüsse und Ströme in die Winterruhe zu gehen. In den Kanälen und Häfen des Binnenlandes ver-

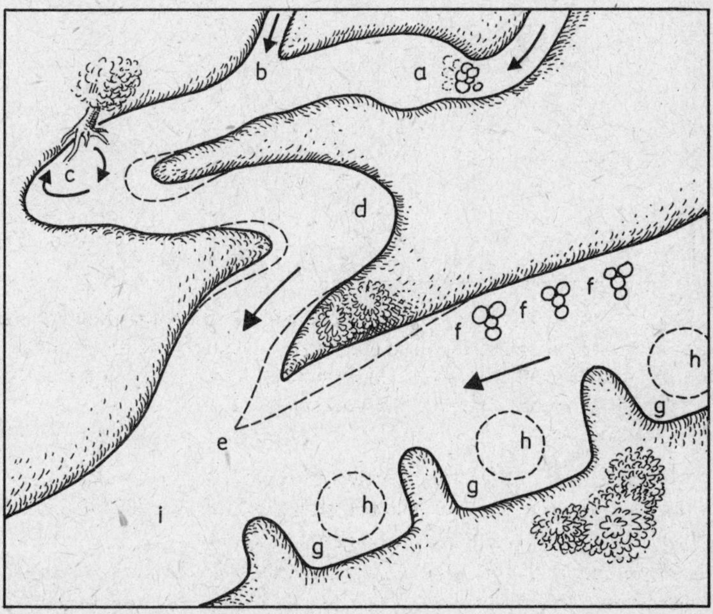

Abb. 14 Typische Aalstandorte in Fließgewässern: a – in Vertiefungen des Flußbettes hinter Stromschnellen (Gumpen, Kolke); b – vor Einmündungen von Nebengewässern; c – im Schatten von Hindernissen; d – am ausgekolkten Prallhang in Flußbiegungen; e – am Zusammenfluß zweier Gewässer; f – im Schatten und am Fuß von Bauwerken, Pfählen, Dalben; h – am Drehberg im Buhnenfeld; i – in der Strömungsrinne

bleibt der Aal meist auch während des Winters, da hier geringere Strömung, schlammiger Grund und meist auch genügende Wassertiefen vorhanden sind.
Während der sommerlichen Aktivphase sucht der Aal auch im Bereich der größeren Fließgewässer häufig die flachen Randzonen auf, wo ihm Krautbetten, Steinpackungen oder andere Uferbefestigungen günstige Versteckmöglichkeiten bieten.

2.1.2. Stehende Gewässer mit Verbindung zu Fließgewässern

Für alle Seen, die einen offenen Abfluß haben, gilt bezüglich der Besiedlung mit Aalen das gleiche, wie für die Fließgewässer dargelegt wurde. Meist haben dann die stehenden Gewässer einen größeren Aalbestand als das ableitende Fließgewässer, da der Aal im ruhigen, tieferen See bessere Lebensbedingungen vorfindet.

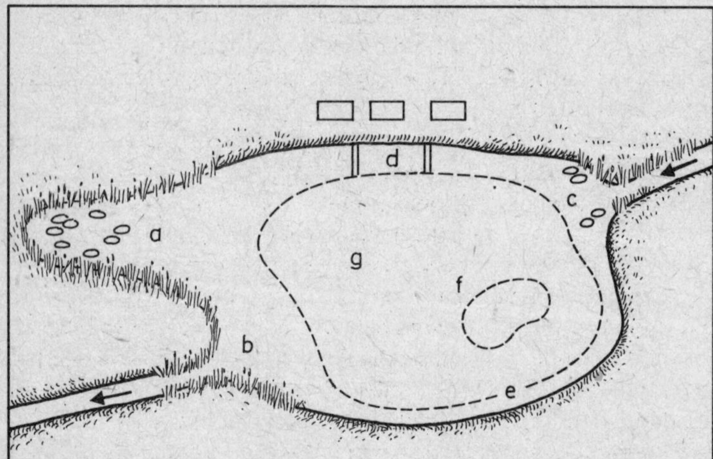

Abb. 15 Typische Aalstandorte in größeren stehenden Gewässern: a – vor Seerosenbetten; b – vor dem Abfluß von Fließgewässern; c – vor der Einmündung von Fließgewässern; d – vor Badeanstalten, Brükken, Bootsstegen; e – am Fuße der Scharkante; f – am Fuße von Untiefen (Barschberge); g – im Tiefwasserteil

In den einzelnen Seentypen, die auf natürlichem Wege besiedelt werden, ist die Dichte des Aalbestandes von verschiedenen Faktoren abhängig, so vor allem von der Wassertemperatur, die wiederum weitgehend von den vorhandenen Wassertiefen abhängt, vom Nahrungsangebot und vom Vorhandensein etwaiger Nahrungskonkurrenten. Auch die Sichtigkeit des Wassers, also der mögliche Lichteinfall, spielt eine Rolle, da z. B. in eutrophierten Seen mit ständig trübem Wasser der Aal auch am Tage auf Nahrungssuche geht und besser abwächst und wo meist aufgrund des höheren Nahrungsangebots auch eine größere Bestandsdichte möglich ist.

2.2. Binnengewässer ohne natürliche Aalzuwanderung

Bei diesen Gewässern handelt es sich um Seen ohne Abfluß bzw. mit so verbautem Abfluß, daß ein Aalaufstieg nicht möglich ist, ferner um alle abflußlosen Teiche und Kleingewässer sowie um den Oberlauf mancher Flüsse, die durch Wehre versperrt sind. Zu den hier behandelten Gewässern gehören z. B. auch alle Staubecken und Talsperren.

Die Mehrzahl aller für eine Bewirtschaftung geeigneten Gewässer dieser Art ist irgendwann einmal auch mit Aalbesatz versehen worden. Interessant ist, daß auch eine ganze Reihe von abflußlosen Teichen, Waldseen und anderen Kleingewässern, die nie fischereilich genutzt wurden, einen Aalbestand aufweisen, der nur mit „wildem Besatz" durch interessierte Sportangler erklärt werden kann.

Bewirtschaftete größere Gewässer ohne Abfluß weisen bei langjährigem Besatz oft einen überalterten Aalbestand auf, da niemals sämtliche Aale abgefischt werden können. Hier werden dann mitunter die ganz kapitalen Stücke erbeutet, die aus einem Gewässer mit Abfluß längst wieder abgewandert wären.

Flachere Seen, die mitunter Aalbesatz erhalten haben, können in strengen Wintern oft so weit ausfrieren, daß der vorhandene Aalbestand gefährdet oder sogar vernichtet wird. Ähnliches gilt für alle abflußlosen Teiche und Kleingewässer.

2.3. Die Brackgewässer der Ostseeküste

Allgemein ist die Bestandsdichte des Aals um so größer, je näher die jeweiligen Gewässer der Küste liegen, von wo ständig Jungaale nachwandern. Auch die abwandernden Blankaale aus dem Binnenland verharren offenbar eine Zeitlang im Brackwasser, bevor sie ihre Wanderung zum Atlantik fortsetzen. Die Brackgewässer der Ostseeküste, also die Bodden, Buchten, Haffe und Flußmündungsgebiete, haben somit einen verhältnismäßig reichen Aalbestand, der sich aus den hier hauptsächlich aufwachsenden kleineren Spitzkopfaalen und einer gewissen Anzahl zugewanderter Breitkopfaale zusammensetzt. Das Standortverhalten der Aale in diesen Gewässern entspricht der allgemeinen Lebensweise des Fisches. Die einzige Abweichung ist vielleicht, daß die Aale in den Brackgewässern auch Nahrung marinen Ursprungs aufnehmen, also etwa Watt- und Schlickwurm, Garnelen, Meeresmuscheln sowie Salzwasserfische geringerer Größe wie Tobiasfisch oder Sprotte.

2.4. Das offene Meer

Aalbestände halten sich auch ständig oder zeitweise in der offenen See auf, und dies zum Teil sogar küstenfern. Allerdings bevorzugen die dort heimischen Aale Wassertiefen, die unter 20 m liegen, gehen also kaum in die tieferen Senken des Meeresbodens hinein. Bekannt sind regelmäßige Vorkommen des Fisches vor den Außenküsten der DDR und anderer Ostseeanliegerstaaten bis nach Südskandinavien, daneben aber auch Bestände im Wattenmeer der Nordsee und um Helgoland. Es ist also nicht so, daß der Aal während seiner Wachstumsphase ausschließlich Brack- oder Süßwasser aufsucht. Inwieweit diese Erscheinung dadurch mit verursacht wird, daß die meisten der ins Meer mündenden Fließgewässer, die den natürlichen Aufstiegsweg der Aale darstellen, bereits schadstoffbelastet sind, ist noch nicht geklärt. Eine Zunahme der küstenfern verbleibenden Aalbestände scheint jedoch bereits festzustehen.

2.5. Fangmeldungen aus den verschiedenen Gewässertypen

Im folgenden soll versucht werden, anhand vorliegender Fangmeldungen sportlich erbeuteter Aale aus der DDR eine gewisse Systematik der ertragreichsten Aalgewässer unseres Territoriums aufzustellen. Die Angaben beruhen auf den zum Wettbewerb „Fisch des Jahres“ eingegangenen Fangmeldungen. Meldungen, aus denen der Gewässertyp nicht eindeutig hervorging, blieben unberücksichtigt. Aus der Tabelle läßt sich ersehen, daß einmal die weitaus größte Menge der gemeldeten Aale überhaupt, zum anderen aber auch fast alle Aale über 2,5 kg Gewicht, aus stehenden Binnengewässern stammen. Interessant ist ferner, daß auch die zweifellos mit Besatz versehenen Talsperren und Baggerseen sowie die stehenden Kleingewässer ein bemerkenswert hohes Ergebnis brachten.

Tabelle 3 Fangmeldungen von Aalen aus verschiedenartigen DDR-Gewässern 1966–86

Gewässertyp	1500–2500 g	2501–3000 g	3001–3500 g	>3500 g	Gesamt
Brackgewässer	4	–	–	–	4 (= 1,1%)
Ströme und große Flüsse	18	3	–	–	21 (= 6,1%)
Mittl. Fließgewässer und Altarme	26	4	1	–	31 (= 9,0%)
Kleine Fließgewässer	3	–	–	–	3 (= 0,9%)
Kanäle und Häfen	14	3	2	–	19 (= 5,5%)
Natürliche Seen	99	15	5	3	122 (= 35,5%)
Talsperren, Stauseen, Baggerseen	69	7	4	1	81 (= 23,6%)
stehende Kleingewässer	50	9	2	2	63 (= 18,3%)

3. Der sportliche Aalfang

Die im Laufe der Zeit vom Sportangler entwickelten Angelmethoden beim sportlichen Aalfang beruhen auf der typischen Lebensweise des Fisches. Das heißt also, daß Angeltaktik und -technik so gewählt werden müssen, daß sie dem Standortverhalten, dem Lebensrhythmus und dem Freßverhalten des Aals angepaßt sind. Mehr als beim Angeln auf andere Fischarten sind beim Aalfang einige Voraussetzungen zu beachten, wenn man nicht nur Zufallsfänge erzielen, sondern möglichst regelmäßigen Erfolg haben will. Letzteres ist vor allem dann zu erwarten, wenn man den Aal gezielt beangelt und sich nicht nur mit mehr oder weniger gelegentlichen Beifängen beim Angeln auf andere Fischarten begnügt.

3.1. Voraussetzungen für den Aalfang mit der Angel

Unter dieser Überschrift werden im folgenden Faktoren vorgestellt, die der Aalangler zu beachten hat, wenn er zum Erfolg kommen will. Regelmäßige Aalfänge haben vor allem diejenigen Sportfreunde zu verzeichnen, die mit den besonderen Lebensgewohnheiten des Fisches vertraut sind und die auf den Fangerfolg einwirkenden äußeren Einflüsse gebührend in Rechnung setzen. Dies kann z. B. bedeuten, während eines Angeltages auch einmal Angelplatz, Köder oder Taktik zu wechseln, wenn dies geraten erscheint.

3.1.1. Die Angelsaison

Wir haben bereits erfahren, daß die jahreszeitliche Aktivphase des Aals von der Wassererwärmung bzw. -abkühlung begrenzt wird, daß also der Aal in der Regel nur dann an den Haken zu bringen ist, wenn er während der Sommermonate Nahrung aufnimmt. Beginn und Ende der jährlichen Angelsaison können in den einzelnen Gewässern unterschiedlich sein. Meist wird mit den ersten

Aalfängen an der Angel etwa Anfang Mai gerechnet, in flacheren Gebieten und bei warmem Wetter auch schon in der zweiten Aprilhälfte. In allen Gewässern sollte man die ersten Aale im Flachwasser suchen, das sich zu dieser Zeit am schnellsten erwärmt und außerdem in den Binnengewässern dem Aal Nahrung in Form von Fischlaich oder eben geschlüpfter Fischbrut bietet.

In *tieferen Gewässern* ohne größere Flachwasserzone *oder* auch *an der Küste*, wo sich die Wassermasse nur langsam erwärmt, sind oft erste Aalfänge nicht vor Mitte Mai zu erwarten. Auch hier werden dann die Aale anfangs fast ausschließlich in der flachen Randzone gefangen, sofern eine solche vorhanden ist. Mit zunehmender Wassererwärmung im Sommer wird dann der Aal immer häufiger auch in größeren Wassertiefen erbeutet, wobei die Fänge auf Tiefen von über 6 m oft erst im Juli lohnend werden. Zu dieser Zeit haben sich die Aale dann bereits überall im Gewässer verteilt und bilden nicht mehr die stärkeren Konzentrationen im Flachwasser wie zu Beginn der Saison. Juli und August sind deshalb nicht immer die besten Fangmonate.

Eine Besserung der Fänge tritt meist wieder ab Mitte August ein, wenn sich mehr und mehr Aale auf tieferem Wasser konzentrieren, während die Fänge im Flachwasser allmählich zurückgehen. Jetzt ist auch die beste Saison an den Außenstränden der Ostseeküste, wo sich das Wasser inzwischen auf die höchsten Werte des Jahres erwärmt hat.

In den meisten Gewässern rechnet man mit dem *Ende der Aalsaison* etwa ab Mitte September, zumindest in den flacheren Gebieten, wo sich die kühler werdenden Nächte jetzt schon auf die Wassertemperatur auswirken. In tiefen Gewässerteilen dagegen fängt man den Aal oft noch bis in den Oktober hinein, dann aber ausschließlich am Grund und auf größeren Wassertiefen. An den Außenstränden der Ostseeküste ist der Fang von Aalen beim Brandungsangeln im September noch relativ häufig, in der ersten Oktoberhälfte noch vereinzelt möglich, dann aber meist als Beifang beim Angeln auf andere Fischarten.

Eigene *Temperaturmessungen* zu Beginn und am Ende der jährlichen Angelsaison haben in verschiedenartigen Gewässern ergeben, daß frühestens bei Wassertemperaturen von 10 °C mit Aalen zu rechnen war, die dann aber noch sehr zögernd bissen und nicht immer gelandet werden konnten. Besser wurde das Beißverhalten

dann bei etwa 12 °C und bei 15 °C Wassertemperatur waren schließlich regelmäßige Fänge zu erwarten.
Bei der herbstlichen Abkühlung dürften die Werte ähnlich liegen, wobei dann allerdings die Meßwerte trügen können, da man als Angler in der Regel nur die Oberflächentemperatur messen kann, den Aal aber auf größerer Tiefe beangelt, wo die Werte ganz andere sein können.
Meine jahreszeitlich frühesten Aalfänge habe ich in flachen Binnengewässern zwischen dem 25. und 28. April getätigt, meine spätesten Aale wurden an einem 5. November auf 12 m Tiefe gefangen. Es sind auch schon Fänge außerhalb dieser Zeiten bekanntgeworden, die aber seltene Ausnahmen darstellen (Meldungen vom 22. 4. 85 und 5. 12. 85 im „Deutschen Angelsport").

3.1.2. Einfluß von Wetter, Wassertemperatur, Lichteinfall

Während der sommerlichen Aktivphase des Aals ist nun nicht unbedingt mit ständig gleichbleibender Beißlust zu rechnen, obwohl der Aal ja gezwungen ist, während dieser Monate Reserven für die Winterruhe anzulegen und von der aufgenommenen Nahrung auch noch sein Wachstum zu bestreiten. Vielmehr ist eine wechselhafte Beißlust die Regel, deren Intensität vor allem von drei Faktoren beeinflußt wird. Diese drei Faktoren wirken nicht einzeln, sondern gemeinsam, sie stehen zueinander in ständiger Wechselbeziehung, und die Gesamtheit ihrer Einwirkung auf die Beißlust des Aals muß vom Aalangler eingeschätzt werden.
So kann z. B. das jeweilige Wetter in vielen Fällen die *Wassertemperatur* und den *Lichteinfall* beeinflussen, und wir haben ja schon gesehen, daß die beiden letzteren Faktoren ganz maßgeblich für die mehr oder weniger große Aktivität des Aals sind. Wenn der Angler von „Aalwetter" spricht, so meint er damit grundsätzlich Wettererscheinungen, die der Aktivität des Aals förderlich sind. So sind also z. B. Windrichtungen als günstig anzusehen, die Warmluft heranführen, weil dadurch die Temperatur des Wassers konstant gehalten oder sogar erhöht wird. Dies kann im Sommer also sogar der sonst bei Anglern so verrufene Ostwind sein, der kontinentale Warmluft nach Mitteleuropa führt. Größere Windstärken rufen auf den meisten Gewässern Wellengang hervor, der die Menge der ins Wasser fallenden Lichtstrahlen deutlich herabsetzt und gegebenen-

falls auch durch Wassertrübung in der Flachwasserzone im gleichen Sinne wirkt. Bewölkung ist gleichfalls günstig, da der Einfall des Sonnenlichts am Tage oder des Mondlichts bei Nacht vermindert wird. So kommt es zu der Regel, daß der Aal bei warmer, windiger und trüber Wetterlage am besten beißt.

Eine Rolle spielt sicherlich auch noch der *Luftdruck*, gegen dessen Schwankungen der Aal empfindlich ist. Die Wirkung von Gewitter- oder Regenwetterlagen wird oft übertrieben, hier dürften weitgehend die Veränderungen des Luftdrucks wirken.

Ich habe oft feststellen müssen, daß bei Annäherung einer Gewitterfront die Beißlust des Aals schlagartig nachließ, um erst nach Durchgang der Front wieder aufzuleben. Inwieweit hier eventuell auch die elektrische Aufladung der Luft mit im Spiel ist, entzieht sich meiner Kenntnis.

Ungünstig für den Aalfang sind Wetterlagen, bei denen Kaltluft herangeführt wird, der Himmel klar wird und Tages- oder Mondlicht ungehindert ins Wasser dringen kann. Jetzt sind die besseren Chancen auf tieferem Wasser gegeben, falls dort für den Aal annehmbare Temperaturen herrschen. Die Flachwassergebiete dagegen werden bei Kaltlufteinbrüchen schnell abgekühlt, und hier wirkt bei klarem Himmel auch der Lichteinfall am stärksten. Kommen dazu noch klares Wasser und abflauender Wind, so sind die Fangaussichten gering.

Leider kann sich ja nun der Sportangler den Zeitpunkt zum Aalangeln nicht immer aussuchen. Die äußeren Faktoren kann er auch nicht beeinflussen, sondern muß eben versuchen, aus der vorgefundenen Situation am Gewässer das Beste zu machen. Dabei muß dann oft kurzfristig entschieden werden, wo und wann die größten Aussichten für einen Fang gegeben sind.

Bei den eingangs geschilderten günstigen Voraussetzungen fällt die Wahl meist nicht schwer, anders ist es dagegen, wenn die beschriebenen ungünstigen Verhältnisse herrschen. Dann muß man durch Wahl eines geeigneten Gewässers und Angelplatzes versuchen, die ungünstigen äußeren Einflüsse soweit wie möglich auszugleichen. Dies bedeutet z. B. bei ruhigem, klarem Wetter das Angeln in größerer Tiefe oder auf der Windseite des Gewässers, wo wenigstens noch etwas Wellenschlag zu erwarten ist, der den Lichteinfall herabsetzt.

Fließgewässer unterliegen mehr als stehende Gewässer auch dem

Einfluß von Niederschlägen. Günstig kann sich hier auswirken, daß nach starken Regenfällen das Wasser oft angetrübt wird, die Strömung sich verstärkt und das Wasser aufgewirbelte oder freigespülte Nahrung mit sich führt. Es kann hier aber auch der Fall eintreten, daß bei bestimmten Wetterlagen durch Regenfälle die Temperatur des Gewässers plötzlich absinkt, und dies ist dann wieder als ungünstig für den Aalfang zu werten.
Entgegen den hier getroffenen Feststellungen kommt es auch immer wieder vor, daß Aale bei hellstem Sonnenschein oder in klaren, kühlen Vollmondnächten bei völliger Windstille an den Haken gehen. Dies ist ein Zeichen dafür, daß die Erfolgsaussichten beim Angeln nie in ein starres Schema zu pressen sind.

3.1.3. Einfluß von Wasserstand und Strömung

Wasserstand und Strömung haben nur dort einen wesentlichen Einfluß auf das Freßverhalten des Aals, wo im Zusammenhang damit einer der obengenannten Faktoren auftritt. Über den Einfluß niederschlagsbedingten Hochwassers in Fließgewässern wurde bereits einiges gesagt. Es bleibt noch zu erwähnen das Überschwemmen des Uferbereichs größerer Flüsse und Ströme, das in einigen Gegenden alljährlich im Frühjahr zu erwarten ist. Im jeweiligen Überschwemmungsgebiet finden viele Fischarten zu dieser Zeit zusätzliche Nahrung und suchen solche Gebiete oft auch zum Laichen auf, da sich hier das Wasser schneller erwärmt. Auch der Aal geht in diesem Fall „auf die Wiesen". Die Angelmöglichkeiten sind örtlich sehr verschieden und können hier nicht im einzelnen beschrieben werden.
In anderen Gebieten kann hoher Wasserstand zum Aalangeln absolut ungünstig sein. Dies betrifft z. B. die Buchten und Bodden der Ostseeküste und die Mündungsgebiete der in die Ostsee oder in die Bodden einmündenden Fließgewässer. Hier tritt hoher Wasserstand nämlich durch Windeinwirkung auf und ist eine Folge der Verfrachtung von kühleren Wassermassen aus der Ostsee an die Küste. Oft ist eine solche herandrängende kältere Wassermasse außer am Wasserstand selbst auch an der außergewöhnlichen Klarheit des Wassers und an mitgeführten Meeresorganismen erkennbar (Quallen, Tang). In Flußmündungen und Verbindungsarmen zwischen einzelnen Boddenteilen setzt in solchen Fällen der Strom

einwärts, die Stärke und Dauer des Einstroms ist in Flußmündungen allerdings von der Stärke des Süßwasserausstroms abhängig. Ist dieser recht kräftig, so wird ein Steigen des Wasserstandes lediglich durch Aufstau bewirkt. Aufgrund der plötzlichen Abkühlung des Wassers – und sei es nur um 1 oder 2 °C – wird der Aal deutlich beißunlustig. Hohe Wasserstände werden an der Küste meist durch nördliche Winde verursacht, die häufig auch noch mit einer Abnahme der Bewölkung verbunden sind, was die Erfolgsaussichten dann weiter herabsetzt.
Wie empfindlich der Aal an der Küste auf steigendes Wasser reagiert, zeigt die Tatsache, daß schon bei „normalem" Wetter in den Unterläufen der Fließgewässer, wo die Stromrichtung meist in regelmäßigen Abständen pendelt, bei einwärts setzendem Strom wesentlich weniger Bisse erfolgen als bei auslaufendem. Außerdem ist zu verzeichnen, daß von den bei steigendem Wasser erfolgenden Aalbissen weit weniger verwandelt werden können, die Aale sind „wild", sie reißen den Köder mit kurzem, heftigem Ruck vom Haken, ohne wie üblich zu schlucken. Gegen die negativen Auswirkungen des bei steigendem Wasserstand eindringenden Kaltwassers in den Küstengewässern ist der Angler praktisch machtlos. Hier hilft auch kein Wechsel des Angelplatzes, da das kältere Wasser, das durch höheren Salzgehalt auch eine größere Dichte hat, überall am Grunde entlang einfließt.

3.2. Technik und Taktik des sportlichen Aalfangs

Um den Aal erfolgreich zu beangeln, ist außer der Beachtung der äußeren Faktoren auch eine zweckentsprechende Taktik erforderlich. Dazu gehören außer der richtigen Auswahl von Gewässer und Angelplatz vor allem diejenigen Angelmethoden, die der Lebensweise und dem Freßverhalten des Aals angemessen sind. Außerdem muß auch die richtige Technik angewendet werden, was also eine optimale Zusammenstellung und Montage der einzelnen Geräteteile, die entsprechende Wahl der Köder und schließlich die gekonnte Handhabung des Angelgeräts notwendig macht.

3.2.1. Auswahl des Angelplatzes

Während oben bereits über die Auswahl des Angelplatzes in bezug auf die äußeren Faktoren (Wetter, Wassertemperatur usw.) gesprochen wurde, soll uns jetzt noch einmal das gleiche Thema bezüglich der Zweckmäßigkeit für den Angelvorgang selbst interessieren. Dabei soll hier das Bootsangeln außer acht gelassen werden, da hierbei die meisten der zu beachtenden Probleme nicht auftreten.
Der Uferangelplatz zum Aalfang soll einige Voraussetzungen erfüllen, damit Fang und Landung eines Aals unter allen auftretenden Bedingungen möglichst erfolgreich verlaufen. Die *Wahl des* anzuwendenden *Angelgeräts* soll grundsätzlich dem Angelplatz und seinen Gegebenheiten angepaßt werden – und nicht umgekehrt. Das bedeutet, daß man zuerst einen erfolgversprechenden Angelplatz einplant und dann nach den dort vorgefundenen Bedingungen sein Angelgerät zweckentsprechend montiert. Andersherum wäre die Sache mitunter schwieriger.
Der Angelplatz zum Aalfang sollte, wenn möglich, so gewählt werden, daß man die *Angeltiefe variieren* kann, d. h., daß etwa mit weiten Würfen tiefes Wasser erreicht werden kann, daß davor aber auch eine etwas ausgedehntere Flachwasserzone liegt, die sich mit kürzeren Würfen beangeln läßt. Dies hat den Zweck, den Aal nötigenfalls in verschieden tiefem Wasser suchen zu können. Sitzt man z. B. abends an und will in die Nacht hinein angeln, so muß man damit rechnen, daß ein Teil der Aale nach Einbruch der Dunkelheit in flaches Wasser kommt. So kann zu Beginn des Angelns das tiefe Wasser, später aber das Flachwasser erfolgversprechend sein.
Eine Wahl des Angelplatzes nach diesen Gesichtspunkten setzt voraus, daß man das Gewässer kennt oder zuvor erkundet hat. Letzteres kann einfach dadurch geschehen, daß man vor dem Angeln mittels einer Gleitpose am Wurfgerät die Wassertiefen vor dem Angelplatz auslotet, um sich ein ungefähres Bild vom Profil der Uferzone zu machen.
Im oder unter Wasser sollten am Angelplatz möglichst *keine Hindernisse* vorhanden sein. Jeder Aalangler weiß, daß es fast unmöglich ist, einen gehakten Aal wieder zu lösen, wenn er ein Hindernis unter Wasser annehmen konnte. Angelplätze mit sichtbaren oder bekannten Hindernissen wie dichte Krautbänke, Rohrinseln, Pfähle oder gar umgestürzte Bäume sollte man daher zumindest

beim Nachtangeln meiden. Am Tage läßt sich ein gehakter Aal manchmal noch zügig an sichtbaren Hindernissen vorbeiführen. Angelt man nachts, so braucht man sich nicht vor krautlosem Grund zu scheuen – der Aal reviert im Dunkeln auch hier. Es sind sogar gute Aalfänge beim Nachtangeln an solchen Plätzen bekannt, wo tagsüber Badebetrieb auf völlig krautlosem Sandgrund herrschte (Badeanstalten).

Wichtig ist beim Aalangeln auch die *Uferbeschaffenheit* am Angelplatz. Man muß immer damit rechnen, einen großen Aal nicht einfach mit der Rute über die Uferkante heben zu können. Günstig sind also flach auslaufende Ufer, auf die man einen größeren Fisch vorsichtig hinaufziehen kann. Steilufer und andere hohe Angelplätze setzen entweder so starkes Gerät voraus, daß man jede zu erwartende Fischgröße mit der Rute ausheben kann, oder aber ein entsprechendes Landegerät (Seilkescher), das beim Einfangen eines Aals aber immer seine Tücken haben wird (vgl. 3.2.8.).

Weiterhin wichtig ist die Beschaffenheit des Erdbodens in Ufernähe bezüglich etwaigen Pflanzenwuchses. Abgesehen davon, daß bis dicht ans Wasser reichender Strauch- oder Baumwuchs am Werfen hindert, sollte man vor allem auch auf den Bodenbewuchs achten. Ein gelandeter Aal läßt sich nicht wie andere Fische einfach auf den Erdboden legen, wenn dort höherer Pflanzenwuchs, Wurzelwerk o. ä. vorhanden sind. An solchen Plätzen hilft allenfalls eine vorher ausgelegte Plane oder größere Plastfolie, die man möglichst noch mit Sand bestreut und auf die ein gelandeter Aal dann gelegt werden kann. Wird an solche Fälle nicht gedacht, so kann vor allem beim Nachtangeln auch nach der Landung noch mancher Aal „in die Binsen“ gehen. Mein allererster Aal fiel nach der Landung vom Haken und verschwand blitzschnell in einem Mauseloch – ich habe ihn bis heute noch nicht wiedergefunden. Ideal ist ein Uferplatz mit sandigem Boden, hier kann dann in dieser Beziehung kaum etwas passieren.

3.2.2. Vorbereitungen am Angelplatz

Im vorangegangenen Abschnitt wurde bereits einiges an Problemen vorweggenommen, wie sie durch falsche oder richtige Wahl des Angelplatzes entstehen bzw. vermieden werden können. Der Angler muß sich auf den Fang des Aals etwas gründlicher vorbereiten als

beim Angeln auf andere Fischarten. Wie bereits erwähnt, läßt sich z. B. ein gelandeter Aal nicht ohne weiteres am Erdboden ablegen – übrigens auch nicht im Boot –, damit der Angler Zeit hat, die für weitere Hantierungen *notwendigen Hilfsmittel* auszupacken oder herbeizuholen. Alles Notwendige muß also sorgfältig geplant und griffbereit zur Hand sein. Dies betrifft vor allem Mittel zum sicheren Anfassen des Fisches, eventuell nötige Hakenlösegeräte, Messer, Behältnis zur Aufbewahrung des Fangs usw. So manchem Angler ist der schon sicher geglaubte Fang noch aus der Hand geglitten und entkommen, weil eben nicht alles in der richtigen Reihenfolge und nahe genug zur Hand lag.
Zur Vorbereitung gehört auch das Aufstellen der Rutenhalter, das Plazieren etwaiger Bißanzeiger sowie auch das rechtzeitige Aussuchen und Freimachen eines Platzes zum Ablegen der Rute nach einem Fang. Um hierfür stets genügend Raum zu haben, empfiehlt es sich, am Tage die Ruten nicht allzu dicht nebeneinander zu plazieren.
Vor Beginn des Angelns soll man auch kleinere Hindernisse wie abgefallene Äste usw. aus dem Bereich der Hantierungen entfernen – kämpft man später mit einem gelandeten Aal, ist für solche Maßnahmen keine Zeit mehr.
Die Aufbewahrung der Köder soll vor allem bei warmer Witterung so erfolgen, daß sie nicht verderben können. *Ködergefäße* stellt man grundsätzlich an schattige, kühle Stellen oder stellt sie wohl auch ins flache Wasser, um die Köder frisch zu halten. Es ist ein Irrglaube, daß der Aal auch weniger frische Köder oder gar verdorbene annimmt.
Wichtig ist, vor Beginn des Angelns darauf zu achten, sämtliche eventuell an Händen, Gerät oder Köder haftende *Fremdwitterung zu beseitigen.* Da der Aal einen außerordentlich empfindlichen Geruchssinn hat, kann sich das Unterlassen dieser Maßregel unter Umständen sehr stark auf das Fangergebnis auswirken. Gerät und Köder werden an sich keine störenden Fremdgerüche aufweisen, es sei denn, man habe nach dem letzten Angeln die Vorfächer und Haken nicht von anhaftendem Aalschleim gereinigt. Fremdwitterung ist dagegen fast immer an den Händen des Anglers vorhanden. Schon vor dem Montieren des Geräts und dem Beködern der Haken soll man daher *immer* die Hände gründlich säubern, am besten benutzt man dazu Wasser und Bodengrund aus dem Angelge-

wässer. Besonders wichtig ist dies in allen Fällen, wo der Angler vorher mit Kraft- und Schmierstoffen von Motoren in Berührung gekommen ist, aber auch Kosmetika, Nikotin, Mückenschutzmittel u. a. m. wirken meist abschreckend auf den Aal.
Erst nach dem Säubern der Hände werden also Gerät und Köder angefaßt und fangfertig gemacht.

3.2.3. Besonderheiten des Nachtangelns

Wenn oft auch am Tage Aale mit der Angel gefangen werden können, so ist doch das Nachtangeln die vielversprechendste Methode. In vielen flacheren Gewässerteilen mit klarem Wasser geht der Aal sogar ausschließlich in der Dämmerung oder nachts an den Haken. Das Nachtangeln auf Aal ist daher weit verbreitet, weist aber einige Besonderheiten auf, auf die sich der Angler einstellen muß. Dies betrifft besonders das Sehen im Dunkeln, das manchen Anglern offenbar recht schwer fällt. Wer nachts auf Aal angelt, der nutzt dabei die nächtliche Aktivphase des Fisches, der bei seiner Nahrungssuche dann oft auch ins Flachwasser und in unmittelbare Ufernähe

Abb. 16 Wahl des Angelplatzes beim sommerlichen Nachtangeln. Zur Beobachtung der Ruten wird der Platz so gewählt, daß sich die Angeln gegen den meist helleren Nordhimmel abheben.

kommt. Das bedeutet aber, daß jedes Hantieren mit Lichtquellen auf die vor dem Angelplatz befindlichen Aale abschreckend wirkt. Tatsächlich begehen viele Nachtangler den *Fehler*, durch übermäßige Benutzung von Lampen zwar der eigenen Bequemlichkeit zu dienen, dabei aber die gewünschten Aale zu verscheuchen. Es ist nichts gegen die sparsame Verwendung von abgeblendeten Taschenlampen einzuwenden, wenn man notwendige Hantierungen verrichtet, wohl aber gegen die Unsitte, dauernd einen grellen Lichtstrahl auf die Ruten oder gar auf das Wasser zu richten, um einen Biß erkennen zu können. Noch schlimmer ist der manchmal geübte „Brauch“, am Ufer ein Feuer anzuzünden. Ein geübter Nachtangler wird vor allem darauf achten, so selten wie nur irgend möglich mit einer Lichtquelle zu hantieren. Man kann es durchaus lernen, einen Aal auch im Dunkeln vom Haken zu lösen, bzw. das Vorfach auszuhängen und die Beute zu versorgen. Auch das Einhängen eines neuen Vorfachs mit Haken, das Beködern desselben usw. ist ohne weiteres ohne Zuhilfenahme einer Lampe möglich, wenn alles zweckentsprechend vorbereitet ist. Nur bei etwaigen Schnurverknotungen oder anderen Havarien am Gerät ist natürlich ohne Beleuchtung schlecht etwas zu machen. Da ich selbst zum Nachtangeln nie eine Lampe mitnehme, habe ich mir aber sogar in solchen Fällen schon im Dunkeln geholfen. Ich vertrete die Meinung, daß keine Sommernacht so dunkel sein kann, daß man überhaupt nichts sieht, wenn sich die Augen erst einmal an die Dunkelheit gewöhnt haben. Hier liegt übrigens ein weiterer Grund dafür, daß ich persönlich jede Lichtquelle beim nächtlichen Aalangeln ablehne: Gewöhnt man sich an einen zu häufigen Gebrauch der Lampe, so müssen nach deren Abschalten die Augen jedesmal von neuem an die Dunkelheit gewöhnt werden, was bis zu mehreren Minuten dauern kann.
Ähnlich ist es beim *Erkennen eines Bisses.* Wird mit dem Bodenblei geangelt, wie es beim Nachtangeln überwiegend der Fall ist, wird ein Biß entweder durch Auslaufen der Schnur bei offener Rolle oder durch Bewegen der Rute bei geschlossener Rolle signalisiert. Ich persönlich brauche keine Lampe, um einen Biß zu bemerken. In stillen Nächten ist das Auslaufen der Schnur zu hören, bei windigem Wetter angelt man meist mit geschlossener Rolle, und die Rute wird dann so plaziert, daß sie sich – vom Angler aus gesehen – gegen den im Sommer immer etwas helleren Nordhimmel

als Silhouette abhebt. Hierzu muß man sich selbst allerdings möglichst tief setzen, also meist direkt auf den Erdboden, mitunter sogar wasserseitig von den Ruten, die dann nicht unmittelbar am Uferrand plaziert werden dürfen. Eine weitere Möglichkeit ist die, während des Ansitzens mit jeder Hand in eine der Schnüre zu fassen, die von der Rutenspitze zum Wasser führen. Hierbei kann man wunderbar träumen und bemerkt doch jeden Biß.
Wenn ich hier über meine eigenen Methoden beim Nachtangeln berichte, so ist mir andererseits auch klar, daß dies nicht jedermanns Sache ist und viele Sportfreunde Probleme mit dem Sehen bei Nacht haben. Viel in Gebrauch sind daher auch optische oder akustische *Bißanzeiger*, die mit Schwachstrombatterien betrieben werden. Es gibt hier die unterschiedlichsten Konstruktionen, von denen viele perfekt funktionieren. Elektrische Bißanzeiger zum

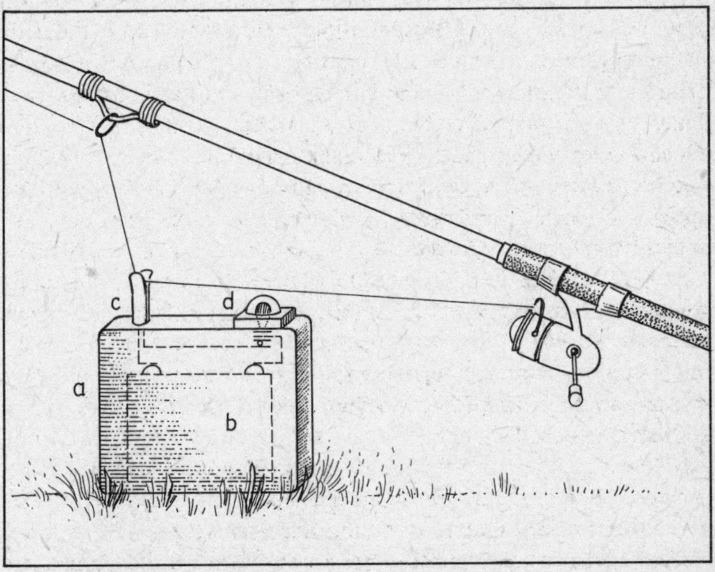

Abb. 17 Schema eines elektrischen Bißanzeigers: a – Gehäuse; b – Stromquelle (Flachbatterie); c – paarig angeordnete Kontaktklemmen, zwischen welche die Schnur geklemmt wird; d – Leuchte bzw. Hupe. Bei Herausziehen der Schnur durch einen Biß wird der Stromkreis geschlossen, die Glühbirne leuchtet auf bzw. die Hupe ertönt.

Nachtangeln beruhen auf dem Grundprinzip, daß durch einsetzenden Zug an der Angelschnur bei einem Biß (manchmal auch durch Wind oder Strömung) ein Stromkreis geschlossen wird, der dann eine optische oder akustische Signaleinrichtung in Tätigkeit setzt. Es gibt Apparate, die an der Rute zu befestigen sind und andere, die neben oder unter der Rute am Erdboden plaziert werden. Meist handelt es sich um selbstgebastelte Geräte. Leider läßt sich so mancher Angler durch die Perfektion seines „Weckapparates" während des Angelns zum Schlafen verleiten. Dies wird aber von unserer Gewässerordnung mit Recht untersagt, die u. a. fordert, ausgelegtes Angelgerät ständig unter Aufsicht zu halten.
Außer den ebengenannten, etwas aufwendigen Bißanzeigern gibt es auch noch eine Reihe von einfacheren Hilfsmitteln zum Erkennen eines nächtlichen Aalbisses. Da sind zum Beispiel die bekannten und recht beliebten *„Glöckchen"*, die meist mittels einer Klemme an der Rutenspitze befestigt werden und jede stärkere Bewegung derselben quittieren. Sie haben bei dieser Montage den Nachteil, daß sie an der Rute verbleiben, wenn man schnell anschlagen muß, und dann entweder störend wirken oder herabfallen und mühsam wieder gesucht werden müssen. Besser ist dann schon eine Anbringung solcher Glöckchen an einem Erdspieß unter der Rute, wo sie allerdings beim Abziehen von Schnur nur einmal kurz „Laut geben".
Weitere einfache Hilfsmittel sind in die Schnur eingehängte *„Spione"*, etwa ein mit Haken versehener Tischtennisball, ein Signalkörper aus leichtem Schaumstoff oder eine in den Spitzenring gesteckte weiße Vogelfeder. Mitunter werden auch Rutenspitzen mit Aluminiumfolie umkleidet oder weiß gestrichen, um ihre Bewegung besser erkennen zu können; diese Methode ist aber nicht bei jeder Beleuchtung wirksam. Wird mit geschlossener Rolle und gespannter Schnur geangelt, so bewährt sich oft auch eine Plazierung der Rute in einem gabelförmigen Rutenhalter. Wird die Rute gegen Wind- oder Strömungsdruck richtig ausbalanciert, so kippt sie beim leisesten Biß gleich einer Wippangel vornüber, was auch bei Dunkelheit unübersehbar ist.
Beim Angeln von befestigten Ufern aus kann man auch einfach einen kleinen Stein so in eine Schnurschlaufe legen, daß er bei Zug auf die Schnur ins Wasser fallen muß, so daß sein Plumpsen dem lauschenden Angler den Biß verrät.

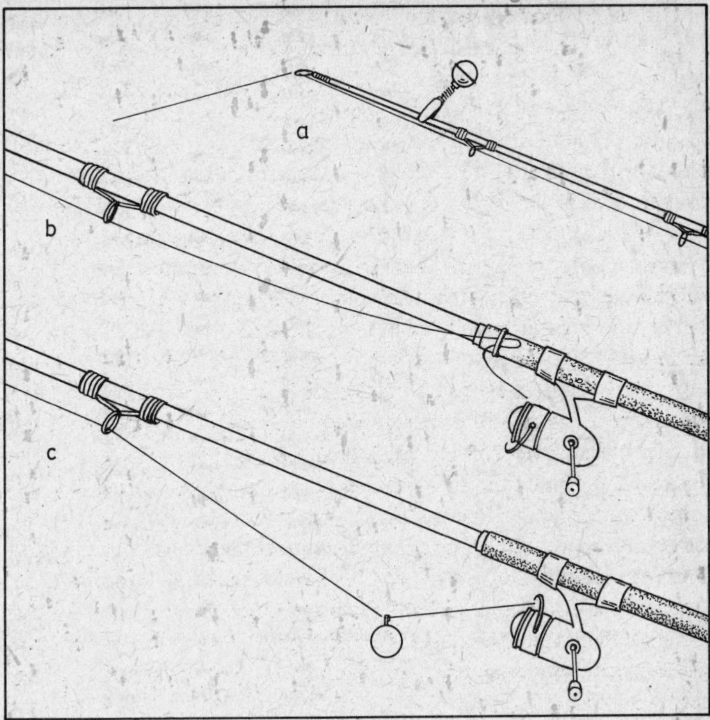

Abb. 18 Mechanische Bißanzeiger: a – Glöckchen, mit Krokodilklemme an Rutenspitze befestigt; b – Gummibändchen am Rutengriff, hinter das eine Schlaufe der Schnur gesteckt wird; c – in die Schnur eingehängter „Spion", hier ein Tischtennisball mit Öse

Schwieriger ist das Erkennen von Bissen, wenn beim Nachtangeln ausnahmsweise mit dem Schwimmer geangelt wird. In relativ hellen Mittsommernächten habe ich aber auch dies schon mit gutem Erfolg praktiziert, da man auf diese Weise den Köder auch über eventuellem Krautbewuchs anbieten kann. Der Schwimmer muß hierbei eine lange Antenne haben, die weiß gefärbt sein soll, wenn man den helleren Teil des Himmels hinter sich hat, und schwarz oder jedenfalls dunkel, wenn man die Angel gegen das schwache Licht beobachten muß. Man muß den Schwimmer also auswechselbar montieren und verschieden gefärbte mit sich führen.

Die in verschiedenen Formen bereits konstruierten Leuchtschwimmer mit Minibatterie und Leuchtdiode konnte ich ebenfalls bereits erproben und habe sie unter bestimmten Lichtverhältnissen für gut befunden.
Weitere Besonderheiten des Nachtangelns werden in den entsprechenden Abschnitten 3.2.8 und 3.3. geschildert.

3.2.4. Geräte und Hilfsmittel zum sportlichen Aalfang

Wird eine Fischart gezielt beangelt, so verwendet man dazu immer ein speziell zusammengestelltes Gerät sowie zweckentsprechende Hilfsmittel verschiedener Art. Dies ist beim Aalfang nicht anders als beim gezielten Angeln auf andere Fischarten. Es soll im folgenden versucht werden, praktische Empfehlungen für das am günstigsten einzusetzende Gerät zu geben, wobei natürlich Abweichungen von diesen Empfehlungen möglich sind und nicht gleich den Erfolg in Frage stellen.
Zuvor aber noch eine Bemerkung grundsätzlicher Art. Viele Sportfreunde beangeln während der Aalsaison über längere Zeit hinweg – etwa im Urlaub – ständig das gleiche Gewässer und oft auch die gleichen Angelplätze. In solchen Fällen ist es vorteilhaft, dort auch immer wieder das gleiche, gut abgestimmte und bewährte Gerät zu verwenden. Dies betrifft vor allem die Ruten, Rollen, Schnüre und Bleibeschwerungen, an deren Zusammensetzung man größere Veränderungen nur vornehmen sollte, wenn man sich auf ein besonderes Beißverhalten des Aals umstellen muß oder aber den Angelplatz wechselt.
Man wird bald feststellen, daß z. B. jede Rute und Rolle beim Aalfang ihre eigenen „Launen“ hat was Wurfweiten, Bißanzeige, Landung usw. anbelangt. Es ist aber durchaus nicht unwichtig, daß der Angler seine Geräte in dieser Hinsicht genauestens kennt, da er ja auch bei Dunkelheit immer die richtige Wurfweite oder Zielgenauigkeit einhalten muß. Auch bei der nächtlichen Bißanzeige erkennt man oft, daß da jede Rute ihr „Eigenleben“ hat.

3.2.4.1. Rute und Rolle

Die Rute zum Aalfang soll der notwendigen Wurfweite, dem zu verwendenden Wurfgewicht, den zu erwartenden Fischgrößen und

den jeweiligen Landemöglichkeiten angepaßt sein. Dies gilt übrigens sinngemäß für das gesamte Gerät.
Es wird heute fast ausschließlich mit Wurfrute und Rolle auf Aal geangelt, die einfache lange Rute mit fester Schnur ist zum Ausnahmefall geworden und soll daher hier nicht weiter behandelt werden.
Länge und *Aktion der* verwendeten *Wurfrute* richten sich also weitgehend nach den Gegebenheiten des jeweiligen Angelplatzes. Bei notwendigen Weitwürfen oder bei Vorhandensein stärkerer Strömung wird ein schwereres Bodenblei benötigt und daher eine längere und stabilere Rute von Vorteil sein. Auch beim Angeln mit dem Gleitschwimmer auf größere Distanz darf die Rute nicht zu kurz sein, um nämlich bei einem Biß den Anhieb gut durchzubringen.
Beim *Angeln mit dem Bodenblei* unter normalen Bedingungen verwendet man Ruten von etwa 1,80–2,40 m Länge, je nach den notwendigen Wurfweiten. Die Ruten sollten – unter Berücksichtigung des Wurfgewichts – keine zu harte Aktion haben, da beim Grundangeln oft die Bewegung der Rutenspitze als Bißanzeiger dient. Bei der Methode des sogenannten *Schnappangelns* (vgl. 3.2.8) ist eine relativ weiche Rutenspitze sogar Voraussetzung für den Erfolg des selbsttätigen Anschlags. Abgestimmt sein muß die Rute aber natürlich auch auf die etwa zu erwartenden Aalgrößen und die Landemöglichkeiten. In allen Fällen, wo größere oder große Aale nicht an flachen Ufern durch Herausschleifen gelandet werden können, sondern ausgehoben werden müssen, und sei es auch nur über eine relativ niedrige Uferkante, sind die verwendeten Ruten länger und stabiler vorzusehen.
Können *Ruten mit weicher Aktion* eingesetzt werden, so seien hierfür Vollglasruten von etwa 2,10 m Länge und einem Spitzendurchmesser von 2 mm empfohlen, in allen anderen Fällen verwende man die etwas härteren Hohlglasruten.
Für *Weitwürfe mit Gleitschwimmern* sind Ruten von etwa 3 m Länge und mehr zweckmäßig, desgleichen bei Verwendung sehr empfindlicher Köder, die bei zu harten Würfen leicht vom Haken fallen.
Zum *Aalangeln vom offenen Strand* der Außenküste an der Ostsee werden an manchen Plätzen sehr weite Würfe notwendig. Hier sind dann die auch zum Brandungsangeln auf andere Fischarten gebräuchlichen 4-m-Ruten einzusetzen. Ähnlich stabiles Gerät ist

auch beim Grundangeln mit sehr schweren Bodenbleien in starker Strömung zweckmäßig.

Sehr wichtig ist eine einwandfreie Beschaffenheit und überhaupt eine gute Qualität der an der Rute montierten *Schnurleitringe.* Diese sind beim Aalangeln starken Belastungen ausgesetzt, dürfen aber trotzdem keine Einkerbungen durch die Schnur erleiden. Die einzigen Rutenringe, die diesen Anforderungen bisher hundertprozentig entsprechen, sind die in neuerer Zeit aufgekommenen Ringe mit Hartkeramikeinlage. Der höhere Preis solcher Rutenringe wird durch eine sehr lange Lebensdauer, durch Schonen der Schnur und durch dadurch vermiedene Fischverluste mehr als ausgeglichen. Herkömmliche, auch hartverchromte Schnurringe haben bei mir noch nie eine volle Aalsaison hindurch ausgehalten, ohne daß ich sie auswechseln mußte. Dies ist mit eine Folge der Tatsache, daß ein gehakter Aal nie gefühlvoll gedrillt werden darf, sondern fast immer hart herangeführt werden muß, um ein Festkommen an Hindernissen des Gewässergrundes auszuschließen.

Die zum Aalfang benutzten *Rollen* müssen zwei Voraussetzungen erfüllen. Sie müssen einmal in ihrer gesamten Konstruktion stabil und robust sein, und sie müssen außerdem eine Übersetzung haben, die ein hohes Aufholtempo gewährleistet. Diesen Anforderungen genügen nicht alle Typen von Stationärrollen. So sollte man keine Rollen verwenden, deren Gehäuse aus Plastmaterial bestehen, vor allem der Rollenfuß hält die ständige Einwirkung von Verwindungskräften nicht lange aus. Kleinere Rollentypen bringen nicht immer die nötige Einholgeschwindigkeit. Zum Aalfang benutzt man also ausschließlich größere Rollen in Metallausführung.

Auch bei diesem wichtigen Geräteteil ist wegen der hohen Beanspruchung der Schnurfangbügel bzw. das Schnurfangröllchen des öfteren auf Einkerbungen zu kontrollieren und nötigenfalls auszuwechseln bzw. vorsichtig nachzuschleifen.

Bewährt haben sich hier übrigens auch Rollen, bei denen der anfällige Schnurfangbügel durch einen fest angebrachten Fanghaken aus rostfreiem Stahl ersetzt wurde. Hier muß nur zum Aufwinden die Schnur mit der Hand in den Fanghaken gelegt werden – eine kleine Mühe also und beim Grundangeln ganz unproblematisch.

3.2.4.2. Schnur, Vorfach, Bleibeschwerung, Schwimmer

Es wurde bereits angedeutet, daß der gehakte Aal keinen Drill der sonst üblichen Art erlaubt, sondern mehr oder weniger hart herangeführt werden muß. Außerdem aber bedingt auch das immer wieder passierende Festkommen gehakter Aale im Kraut oder an anderen Hindernissen die Wahl einer kräftigen Schnur und haltbarer Verbindungen zwischen den einzelnen Montageteilen. Es darf daher nicht verwundern, wenn hier Schnurstärken empfohlen werden, die scheinbar in keinem Verhältnis zur Größe der gefangenen Fische stehen.
Es ist dazu gleich zu bemerken, daß der Aal im Gegensatz zu manchen anderen Fischarten weniger Scheu vor einem starken Vorfach hat. Mir selbst sind jedenfalls keine Fälle bekanntgeworden, daß Angler mit stärkerem Schnurmaterial beim Aalfang etwa weniger Erfolg hatten. Diese Tatsache sollte man ruhig ausnutzen, wobei natürlich der Verwendung überstarker Schnüre nicht das Wort geredet werden soll, da diese ja auch die Wurfeigenschaften des Geräts negativ beeinflussen.
Da mitunter beim Aalangeln regelrechte Gewalt angewendet werden muß, um etwa einen am Grund festgelaufenen Aal samt Hindernis zu lösen, ist unbedingt eine *knotenfeste Schnur* zu verwenden. Jeder Knoten bedeutet eine Schwachstelle in der Montage, und Schnüre mit schlechter Knotenfestigkeit sind daher nicht zu gebrauchen, denn eine knotenlose Montage gibt es nicht. Es soll daher im folgenden auch nicht die üblicherweise auf den Schnurspulen angegebene Tragkraft der Schnur angeführt werden, da die Angabe der Tragkraft die Knotenfestigkeit nicht berücksichtigt, sondern vielmehr der Durchmesser auf der Grundlage der bei uns allgemein gebräuchlichen Leska-Exquisit-Schnur.
Zum Aalangeln auf hindernisfreiem Grund und bei nicht zu großen Wurfweiten ist eine Monofilschnur von 0,35 mm D ausreichend. Sind Weitwürfe mit schweren Gewichten auszuführen oder wird in Gewässern mit Krautbestand geangelt, so sind 0,40 mm D durchaus angemessen. In Extremfällen, etwa am Außenstrand der Ostseeküste, bei stärkeren Hindernissen oder scharfer Strömung, sollte man ruhig mit Schnur von 0,45 mm D sichergehen.
Das *Vorfach* nimmt man zum Aalangeln meist in gleicher Stärke wie die Hauptschnur. Daß überhaupt ein Vorfach benutzt und

nicht der Haken einfach direkt an die Hauptschnur gebunden wird, hat folgenden Grund: Beim Aalangeln wird man immer wieder Fische erbeuten, die den Haken tief geschluckt haben. In solchen Fällen wird dann das Vorfach mit dem Fisch aus- und ein neues Vorfach mit Haken eingehängt (vgl. 3.3.). Besonders beim Nachtangeln ist diese Methode sehr zweckmäßig.

Beim Angeln mit dem Bodenblei sollte man das Vorfach länger wählen als sonst üblich. Je nach der verwendeten Rutenlänge wird man mindestens 60 cm lange, am besten aber Vorfächer von etwa 1 m Länge benutzen. Hierdurch wird vermieden, daß das etwa im flachen Kraut oder im Schlamm versinkende Bodenblei den Köder am zu kurzen Vorfach mit in das Kraut oder den weichen Bodengrund hineinzieht. Der beköderte Haken wird an einem langen Vorfach vielmehr langsam absinken und auf dem Krautteppich oder Schlammschicht lose liegenbleiben. Außerdem spürt der Aal bei einem Biß nicht sofort den Widerstand von Bleigewicht oder Schnur, wenn er den Köder aufnimmt, denn ein langes Vorfach liegt meist nicht gestreckt, sondern in losen Windungen am Grund. Aus diesem Grund ist es auch nicht richtig, nach dem Einwurf die Angel „geradeziehen“ zu wollen, wie man es bei manchen Anglern beobachten kann.

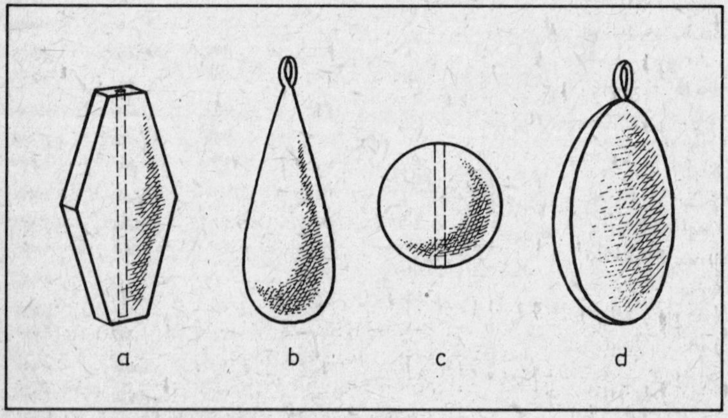

Abb. 19 Verschiedene Bodenbleitypen: a – durchlochtes „Sargblei“; b – birnenförmiges Blei mit fester Öse; c – durchlochte Bleikugel; d – Löffelblei mit fester Öse

Das *Bodenblei* an der Grundangel richtet sich in seinen Ausmaßen nach den örtlichen Gegebenheiten des Angelplatzes. Es muß so bemessen sein, daß eine genügende Wurfweite erzielt und die Angel an der Stelle des Einwurfs gehalten wird. Je nach Wind, Wasser-

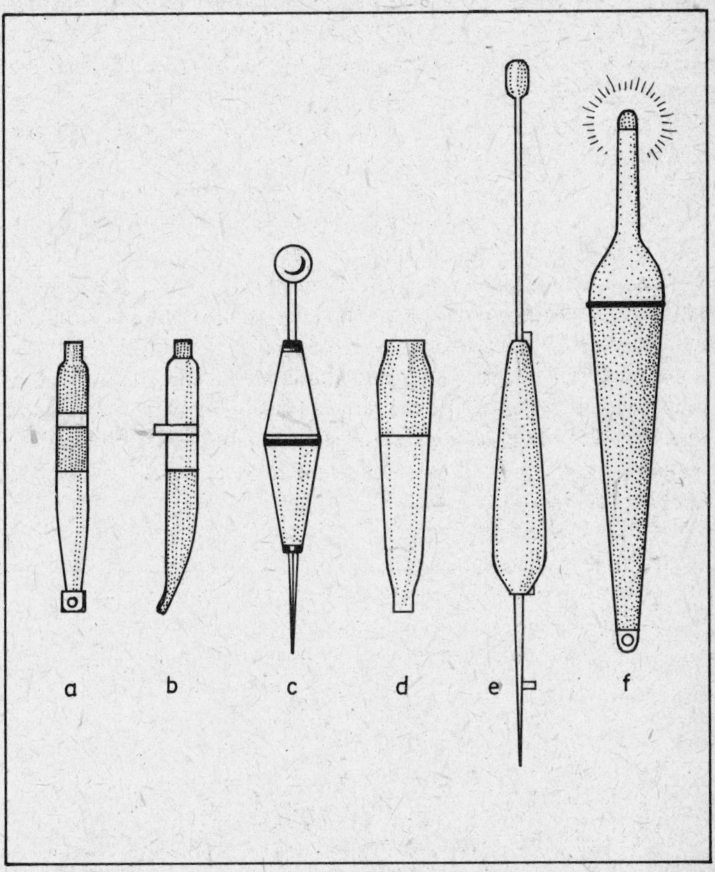

Abb. 20 Verschiedene Schwimmertypen: a – leichter Festschwimmer für stehende Gewässer; b – leichter Gleitschwimmer, auch als Leuchtpose; c – Gleitschwimmer mit mittlerer Tragkraft und Pilotkork; d – Gleitschwimmer mit großer Tragkraft für Fischköder; e – Gleitschwimmer mit langer Antenne (nach ROSENQUIST); f – elektrische Leuchtpose mit Leuchtdiode in der Antennenspitze, betrieben durch zwei ausschaltbare Knopfzellen im Posenkörper

tiefe, Strömung usw. kommen dafür Bleigewichte zwischen 20 und 50 g in Frage, beim Brandungsangeln an der Küste oder in scharfer Strömung aber auch solche bis zu 100 g.

Das Haltevermögen des Bodenbleis am Grund bei Wind, Wellengang und Strömung hängt nicht nur von seinem Gewicht, sondern auch von seiner Form ab. Allgemein gebräuchlich sind die abgeflachten sogenannten Sargbleie, die relativ fest liegen, aber nur mittelgute Wurfeigenschaften haben. Bleigewichte in Kugel- und Tropfenform (meist Eigenbau) lassen sich weit besser werfen, neigen aber auf hartem Grund und bei Strömung zum Rollen. Auf schlammigem Grund halten sie dagegen die Angel gleichfalls gut am Platz.

Die Bleigewichte an der Angel mit dem Gleitschwimmer sollten zwecks günstiger Wurfeigenschaften der Montage ebenfalls Kugel- oder Tropfenform haben, auch Torpillo-Bleie oder solche in Olivenform sind gebräuchlich.

Neben den nur noch selten zu sehenden fest auf der Schnur angebrachten *Schwimmern* wird heute auch zum Aalangeln vorwiegend der Gleitschwimmer verwendet. Dieser Schwimmer dient hier nicht nur als Bißanzeiger, sondern ermöglicht es vor allem, den Köder im Bedarfsfall über Kraut oder schlammigem Grund zu halten sowie ihm durch Treibenlassen der Angel Bewegung zu verleihen.

Nur in Ausnahmefällen wird ein Schwimmer auch zum Nachtangeln verwendet, dann aber sollte er so gestaltet sein, wie im Kapitel 3.2.3. beschrieben. Bei der Verwendung am Tage sind Gestalt und Aussehen eines Schwimmers nur dann von Bedeutung, wenn auf große Distanz geangelt wird und die Erkennbarkeit gewährleistet sein muß. Ansonsten eignet sich jede Form von handelsüblichen oder selbstgebastelten Schwimmern, sofern diese eine dem Köder und dem nötigen Bleigewicht entsprechende Tragkraft haben. Beim Aalfang ist es nicht notwendig, den Schwimmer genauestens auszutarieren, der Aal läßt sich durch einen etwas größeren Wiederstand meist nicht stören.

3.2.4.3. Haken

Angelhaken gibt es in den verschiedensten Formen und Größen, und mit fast allen kann man natürlich auch Aale fangen. Dennoch haben sich im Laufe der praktischen Erprobung einige wenige Hakenformen als besonders geeignet für den Aalfang erwiesen. Die

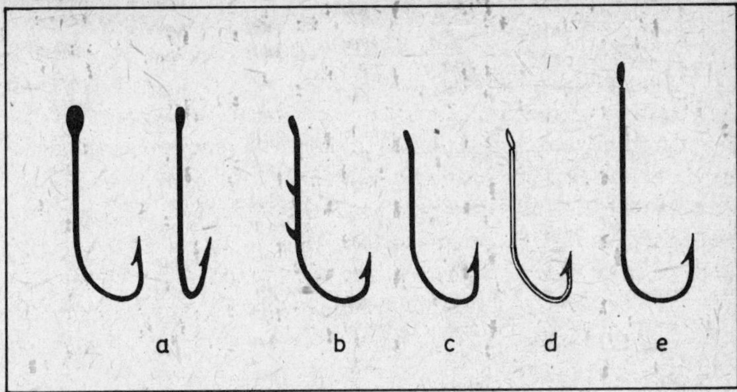

Abb. 21 Hakentypen für das Aalangeln: a – herkömmlicher Aalhaken mit abgewinkeltem Bogen; b – langschenkliger Wurmhaken mit zwei Widerhaken am Schaft; c – brünierter Limerickhaken; d – Goldhaken in Limerickform; e – besonders langschenkliger Haken mit Rundbogen

Grundform dieser Haken ist der sogenannte *Aalhaken*, wie ihn auch die Berufsfischerei verwendet. Es handelt sich um eine relativ langschenklige Ausführung mit gekröpftem Hakenbogen und dadurch seitlich zeigender Spitze, einem ausgeprägten Widerhaken und – in der Grundform – einem Öhr zum Befestigen an der Schnur. Später wurden ähnliche Formen dann auch mit Plättchen hergestellt, ebenso auch aus Flach- anstelle von Rundstahl sowie als spezielle Wurmhaken mit mehreren kleinen Widerhaken am Schenkel. Die Hakenspitze ist allgemein lang ausgezogen und bei einigen Modellen noch etwas nach innen gebogen.
Die Abwinklung von Hakenbogen und -spitze (Kröpfung) ist neben dem langen Schenkel die wichtigste Eigenart des Aalhakens. Diese Form hat sich besonders beim Angeln mit weichen Ködern sehr gut bewährt. Ganz egal, wie der Aal den Köder nimmt – sowie er den Hakenbogen im Maul hat, legt sich dieser naturgemäß flach. Da aber die abgewinkelte Spitze aus dieser Ebene herausragt, faßt sie sofort bei einem Anziehen oder auch nur durch den Widerstand von Rute und Schnur. Dies ermöglicht auch die weiter unten geschilderte „Schnappmethode“, bei der sich der Aal meist selbst anschlägt. Ein nicht gekröpfter Haken würde in der Anfangsphase

eines Bisses leicht wieder aus dem Maul des Aals herausrutschen, man müßte den Aal also erst schlucken lassen, um ihn zu erbeuten. Aalhaken sind vor allem für das Angeln mit Weichködern gedacht, vor allem also Würmern, Krebsschwänzen und Fetzenködern. Beim Angeln mit ganzen Köderfischen können sowohl Aalhaken als auch andere Haken Verwendung finden.
Zum Aalangeln mit Weichködern an der Bodenblei- und Schwimmerangel benutzt man Hakengrößen zwischen 3 und 5, beim Angeln mit der Köderfischangel solche der Größen 1–3. Mehrfachhaken werden zum Aalfang nicht benutzt. Die verwendeten Haken sollen aus gut federndem Stahl bestehen, dürfen also nicht zu sehr gehärtet sein, um nicht zu brechen.

3.2.4.4. Zusätzliche Ausrüstung

Für den Aalfang werden außer den eigentlichen Angelgeräten einige Hilfsmittel gebraucht, die zum Teil zur üblichen Ausrüstung jedes Anglers gehören, zum Teil aber auch charakteristisch für den Aalangler sind.
Wichtige Hilfsgeräte sind zum Beispiel zweckmäßige *Rutenhalter*. Die Konstruktion dieses Zubehörs richtet sich nach der Methode, die man beim Aalfang anwenden will. Wird etwa die weiter unten geschilderte und schon erwähnte Schnappmethode angewandt, so sind hierfür die handelsüblichen röhrenförmigen Rutenhalter mit Erdspieß geeignet, da die Ruten steil aufrecht gestellt werden. Wird mit offener Rolle oder mit dem Schwimmer geangelt, so soll die Rute etwa in Schnurrichtung gestgelegt werden, man benötigt also ein bis zwei gabelförmige Rutenhalter je Rute. Gabelförmige Rutenhalter finden auch Verwendung, wenn man eine Bißanzeige durch Kippen der ausbalancierten Rute anstrebt. Astgabeln für diesen Zweck zu schneiden sollte der Vergangenheit angehören.
Beim Angeln von befestigten Ufern oder Bauwerken aus sowie beim Bootsangeln entfällt die Verwendung von Rutenhaltern in den meisten Fällen.
Weitere Hilfsgeräte sind z. B. das unumgängliche *Messer*, gegebenenfalls ein Aaltöter (vgl. 3.3.2.) sowie zum Nachtangeln die von den meisten Sportanglern benutzte Lampe. Über etwaige Bißanzeiger wurde bereits unter 3.2.3. einiges gesagt.
Die *Lampe zum Nachtangeln* soll Hantierungen des Anglers am Ge-

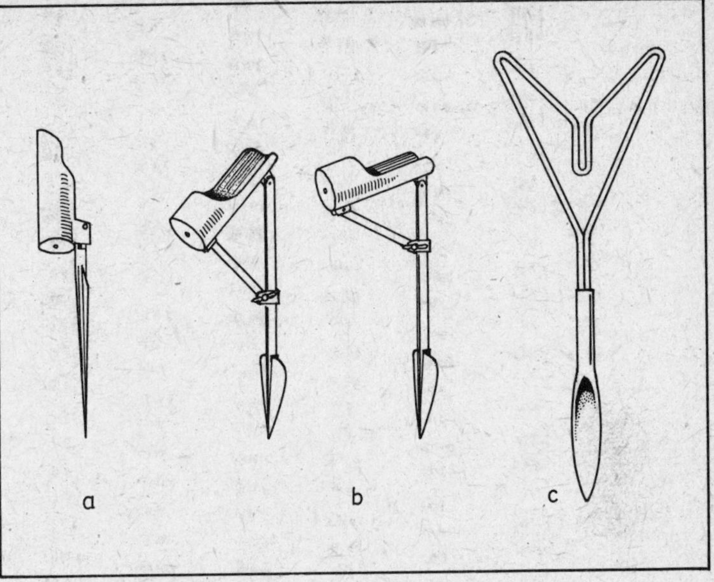

Abb. 22 Verschiedene Typen von Rutenhaltern zum Aalangeln: a – Plastrutenhalter mit klappbarem Erdspieß, geeignet zum Steilstellen der Rute; b – verstellbarer Rutenhalter mit Erdspieß, geeignet für verschiedene Aufstellwinkel; c – Gabelrutenhalter mit Erdspieß (die Aussparung in der Mitte der Gabel verhindert das Festklemmen der Schnur durch die eingelegte Rute)

rät ermöglichen und muß daher so konstruiert sein, daß man die Hände frei behält. Dies ermöglicht zum Beispiel eine umhängbare flache Taschenlampe oder auch eine in die Kopfbedeckung eingearbeitete Lampe, die sogenannte Kopfleuchte. Bei diesem praktischen Gerät befindet sich die Stromquelle in einer Brusttasche der Kleidung, ein dünnes Kabel führt zur Kopfbedeckung, ein Schalter kann an beliebiger Stelle eingearbeitet sein. Der Lichtstrahl wird durch Bewegen des Kopfes in die gewünschte Richtung gelenkt. Kopfleuchten zum Nachtangeln sind meist Eigenbauten.

Unpraktisch sind Stablampen, weil man ihren Lichtkegel nur mit der Hand lenken kann, die dann nicht mehr frei für andere Hantierungen ist. Als Notbehelf kann man sie zwischen Kinn und Brust einklemmen, wenn am Gerät etwas zu richten ist, oder es muß eine zweite Person die Lampe führen.

Unscheinbar, aber wichtig sind als Hilfsmittel einige *Lappen* aus rauhem Gewebe, um damit einen gefangenen Aal sicher halten zu können, bis man ihn im Aufbewahrungsgefäß hat. Außerdem dienen solche Lappen auch zum Reinigen der Hände vom unvermeidlichen Aalschleim. Zum Schutz der Kleidung gegen letzteren verwenden viele Aalangler Gummischürzen und Ärmelschützer mit Gummizug an den Handgelenken, wie man sie auch in der Berufsfischerei sieht.

Nützlich ist oft bei bewachsenem Erdboden am Angelplatz eine größere *Plane oder Plastfolie*, auf der ein gelandeter Aal abgelegt

Abb. 23 Zweckmäßige Batterielampen zum Nachtangeln: a – Kopfleuchte (Bastlerarbeit); die Stromquelle kann in der Kopfbedeckung oder in der Brusttasche untergebracht werden); b – viereckige Taschenlampe mit Flachbatterie (zum Umhängen); c – größere Batterielampe zum Aufstellen am Erdboden (auch zum Umhängen geeignet)

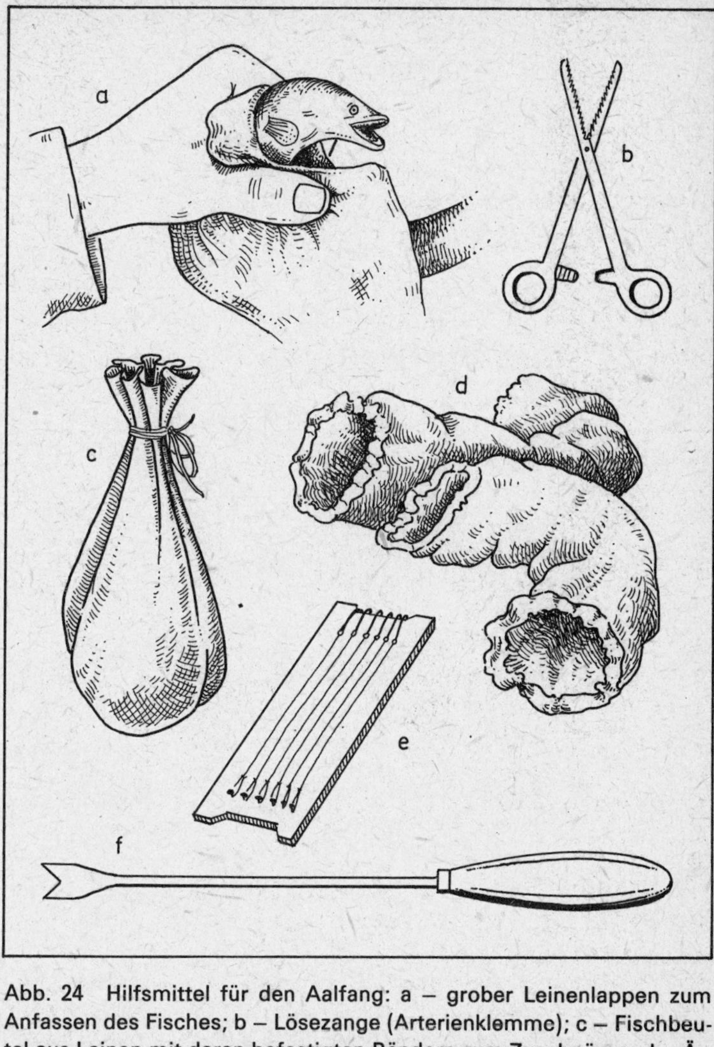

Abb. 24 Hilfsmittel für den Aalfang: a – grober Leinenlappen zum Anfassen des Fisches; b – Lösezange (Arterienklemme); c – Fischbeutel aus Leinen mit daran befestigten Bändern zum Zuschnüren; d – Ärmelschoner zum Schutz der Kleidung vor Aalschleim; e – gebrauchsfertig aufgereihte Vorfächer mit Haken, besonders vorteilhaft beim Nachtangeln; f – Aaltöter zum Durchtrennen der Wirbelsäule

werden kann. Manche Angler verwenden dazu auch Zeitungspapier, an dem der Aal mit seinem Schleim regelrecht festklebt.
Zum manchmal notwendig werdenden Sitzen auf dem Erdboden beim Nachtangeln sollte ein Sitzkissen nicht vergessen werden.
Als Aufbewahrungsgefäß für gefangene Aale kann ein fester *Leinenbeutel* dienen, der aber verschnürbar sein muß, außerdem werden in zunehmendem Maße auch genügend tiefe Plast- oder Blechgefäße mit Deckel verwendet (Eimer, Kanister), die sich später leichter reinigen lassen.
Zur Ausrüstung des Aalanglers gehören ferner *Reserveteile* für das Gerät, die griffbereit zur Hand sein sollten, so z. B. Bodenbleie, Wirbel mit Einhänger sowie vor allem eine Reihe von fertig gebundenen Vorfächern mit Haken, die man zweckmäßigerweise in gestreckter Form auf einem längeren Holzbrett o. ä. mit sich führt. Eine Ködernadel sollte nicht fehlen, ferner Reservespulen mit Schnur oder eine Reserverolle.
Landegerät führt man mit, wenn nicht von ganz flachen Ufern aus geangelt wird und mit großen Aalen zu rechnen ist. In Frage kommen große, aber engmaschige Stielkescher oder auch ebensolche Seilkescher. Die Landung eines Aals mit dem Kescher ist allerdings immer problematisch (vgl. 3.2.8.), doch muß man ja auch daran denken, daß andere größere Fische den Köder nehmen können.

3.2.5. Gerätemontagen zum sportlichen Aalfang

Unter Gerätemontage versteht man allgemein die Art und Weise der Zusammenstellung eines Angelgeräts. Im übertragenen Sinne ist die Montage das in bestimmter Weise zusammengestellte Gerät selbst, soweit es Teile wie Schnur, Bleibeschwerung, Vorfach, Haken sowie eventuelle Erweiterungen wie Schwimmer, Wirbel, Stopperknoten, Einhänger usw. betrifft.
Die verschiedenartigen Gerätezusammenstellungen oder Montagen sind also Gegenstand der Betrachtung im nachfolgenden Abschnitt.
Die Montagen zum Aalfang sind so aufgebaut, daß das Fangerät der Lebenweise des Aals und vor allem seinem Freßverhalten entspricht. Es handelt sich also um Geräte zum meist grundnahen An-

geln mit Naturködern, nur in einzelnen Fällen soll der Köder auch in höheren Wasserschichten angeboten werden. Montagen mit Kunstködern sind nicht üblich, hieran wird der Aal nur selten und dann zufällig mitgefangen (vgl. 3.2.7.6.).

3.2.5.1. Grundangel mit Bodenblei

In den allermeisten Fällen wird der Köder direkt am Grund angeboten, dem Hauptaufenthaltsort des Aals. Dazu eignet sich vor allem dann die Grundangel mit dem Bodenblei, wenn der Köder ortsfest bleiben, seine Lage am Grund also nicht verändern soll. Es wird in diesem Fall passiv der Biß eines umherstreifenden, nahrungssuchenden Aals erwartet.
Grundsätzlich sind bei dieser Methode zwei unterschiedliche Montagen möglich. Zunächst soll die *Grundangel mit dem durchbohrten Laufblei* beschrieben werden, also die auch heute noch meistangewandte Montage, die in ihren Grundzügen wohl jedem Angler bekannt ist.
Im einzelnen wird diese Montage wie folgt aufgebaut:

- Das Bodenblei wird auf die Hauptschnur gezogen,
- als Stopper kommt danach eine Plastperle mit engerer Bohrung auf die Schnur,
- als Knotenschoner, der die ständige Stauchung des nachfolgenden Knotens auffängt, wird ein Stückchen Plast- oder Gummischlauch (Isoliermaterial, Ventilgummi) aufgezogen,
- ein Wirbel mit Einhänger wird mittels Clinchknoten an die Hauptschnur gebunden,
- das Vorfach mit dem Haken wird in den Einhänger des Wirbels eingehängt (Abb. 25 a).

Die hier beschriebene Montage sichert ab, daß die einzelnen Teile beim Angeln so wenig wie möglich beansprucht werden, was aber eine ständige Kontrolle nicht ausschließen sollte. Schwachstellen können sich bilden, wenn das Gerät mehrfach zum Angeln benutzt wird, ohne jedesmal demontiert zu werden. Dabei handelt es sich vor allem um Scheuerwirkung des auf der Schnur gleitenden Bodenbleis oder das Stauchen des Bleis auf Stopperperle und Knoten, falls der Knotenschoner vergessern oder beim Angeln zerstört wurde. Schon nach etlichen kräftigen Würfen kann man oft feststellen, daß das relativ weiche Bodenblei am Ausgang der unteren

Bohrung verformt wurde und die Öffnung sich dort verengt hat. Vor einer Neumontierung muß das Blei dann dort frisch aufgebohrt und entgratet werden, damit die Schnur weiterhin reibungslos hindurchgleiten kann. Beim Angeln auf feinem Sand- oder

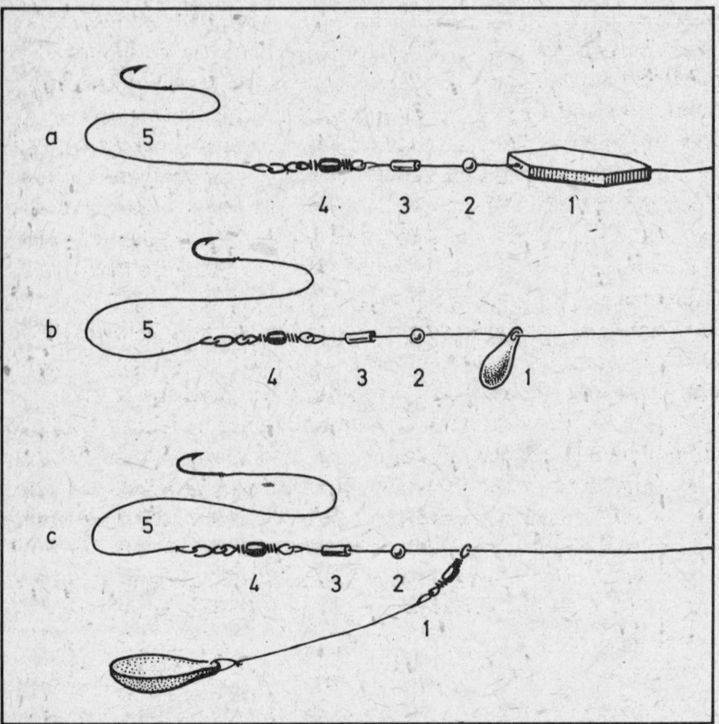

Abb. 25 Gerätemontagen mit Bodenblei.
a – Herkömmliche Montage mit Laufblei: 1 – durchlochtes „Sargblei"; 2 – Perle; 3 – Knotenschoner; 4 – Wirbel mit Einhänger; 5 – Vorfach mit Haken;
b – herkömmliche Montage mit gut zu werfendem Tropfenblei: 1 – Tropfenblei mit Öse; 2 – Perle; 3 – Knotenschoner; 4 – Wirbel mit Einhänger; 5 – Vorfach mit Haken;
c – Montage mit Löffelblei am Seitenarm: 1 – Löffelblei an kurzem Seitenarm mit Wirbel; 2 – Perle; 3 – Knotenschoner; 4 – Wirbel mit Einhänger; 5 – Vorfach mit Haken

Schlammgrund setzt sich außerdem oft die Bohrung durch Eintreten kleiner Bodenbestandteile zu. Diese scheuern dann an der Schnur und verhindern auch ein widerstandsloses Abziehen der Schnur durch das Blei bei einem Biß. Auf all diese Dinge muß also bei der Laufbleimontage ständig geachtet werden.

Daß zur Verbindung von Hauptschnur und Vorfach ein Wirbel gewählt wird, hat seine Begründung darin, daß sich gehakte Aale beim Heranholen häufig schnell um ihre Längsachse drehen und dabei die Schnur verdrallen. Der Wirbel soll dieses Verdrehen der Schnur wenigstens bis zu einem gewissen Grade verhindern.

Das aushängbare Vorfach dient dazu, bei tief geschlucktem Haken einen schnellen Wiedereinsatz des Gerätes zu ermöglichen, indem Vorfach samt Aal ausgehängt, ein neues Vorfach mit Haken eingehängt und der gefangene Aal erst später vom Haken befreit wird.

Wie bereits erwähnt, ist für das Vorfach an der Grundangel eine Länge von 0,60 bis 1,00 m empfehlenswert.

Eine ähnliche Montage kann übrigens bei notwendigen Weitwürfen – z. B. beim Brandungsangeln an der Küste – auch mit dem wurfgünstigeren Kugel- oder Tropfenblei hergestellt werden. Hierbei wird dann die Hauptschnur durch die am Oberende des Bleis befindliche Öse gezogen (Abb. 25 b).

Etwas anders ist die *Montage des Bodenbleis an einem Seitenarm*, die oft bei sehr weichem Grund von Nutzen ist (Abb. 25 c). Hierbei wird folgendermaßen verfahren:

- Der Seitenarm wird aus einem Stück Monofilschnur von etwa 0,50 m Länge hergestellt. An seinem Unterende ist ein mit Öse versehenes Bleigewicht angeknotet, am oberen Ende ein Wirbel,
- die Hauptschnur wird durch die obere Öse des Wirbels des Seitenarms gezogen,
- Plastperle und Knotenschoner kommen auf die Hauptschnur,
- ein Wirbel mit Einhänger wird am Ende der Hauptschnur angeknotet,
- in den Einhänger wird das Vorfach mit dem Haken eingehängt, das länger als der Seitenarm sein soll.

Im vorliegenden Beispiel ist in der Abbildung ein Löffelblei dargestellt (Abb. 25 c), das gut am Grunde aufliegt und sich bei zügigem Heranholen hebt, so daß es kaum am Grund festhängen kann.

Diese Montage eignet sich vor allem zum Angeln auf sehr weichem Grund, in den das Bodenblei einsinkt. Durch die große Öse des

Seitenarmwirbels kann die Schnur jederzeit ohne allen Widerstand hindurchgleiten.
Für diese Montage können natürlich auch andere Formen der Bleibeschwerung benutzt werden.

3.2.5.2. Grund- oder Treibangel mit Schwimmer

Schwimmermontagen werden angewandt, wenn entweder der Köder über dem Grund angeboten werden soll oder wenn man durch Ortsverlagerung des Köders (Treibenlassen) eine Lockwirkung erzielen will.
Man unterscheidet zwischen Montagen mit festem Schwimmer, die meist bei geringeren Wassertiefen an langer Rute geführt werden, und Montagen mit Gleitschwimmer bei großen Wassertiefen oder zum Weitabangeln.
Die *Montage mit Festschwimmer* ist unkompliziert aufgebaut und entspricht weitgehend der bekannten „Stippangel“, abgesehen davon, daß Schnur, Schwimmer und Bleibeschwerung meist stärker gehalten werden. Dazu kommt auch hier die Besonderheit, das Vorfach mittels Einhänger auswechselbar anzubringen.
Die Dimensionen von Schwimmer und Blei richten sich nach dem zu beangelnden Gewässer. Wird mit festem Schwimmer in der Strömung geangelt, und der Köder soll am Ort gehalten werden, so ist die Montage so schwer zu gestalten, daß Haken und Köder am Grund verbleiben, ohne sich anzuheben. In strömungsfreiem Wasser wird man dagegen leichter angeln.
Normalerweise wird die Festschwimmermontage an langer Rute und oft ohne Rolle geführt, sie eignet sich also für das Angeln auf kurze Distanz, also etwa in Ufernähe oder vom Boot aus. Zum Angeln in geringen Wassertiefen kann die Montage an der Wurfrute geführt und dann weiter ausgeworfen werden, nur sind die Wurfeigenschaften nicht besonders günstig.
Die zweite Möglichkeit zum Angeln mit schwebendem Köder bietet die *Montage mit Gleitschwimmer*, die auf tieferem Wasser und zum Angeln auf größere Distanz verwendet wird. Eine sehr günstige Variante dieser Montage zeigt Abb. 26 b. Bei Verwendung von Schwimmern mit langer Antenne beim Weitabangeln kann die Montage noch durch einen zweiten Stopper ergänzt werden, der sich unterhalb des Schwimmers auf der Schnur befindet. Er hat

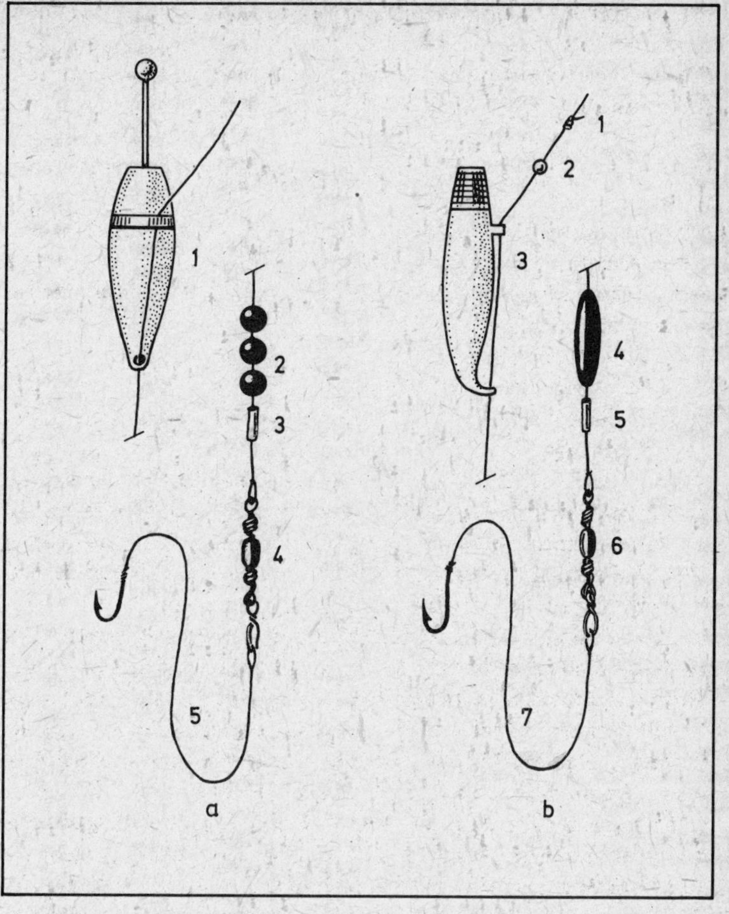

Abb. 26 Gerätemontagen mit Schwimmer.
a – Montage mit festem Schwimmer für geringere Wassertiefen: 1 – Schwimmer; 2 – Bleibeschwerung; 3 – Knotenschoner; 4 – Wirbel mit Einhänger; 5 – Vorfach mit Haken;
b – Montage mit gleitendem Schwimmer für größere Wassertiefen oder Weitabangeln: 1 – Stopperknoten; 2 – Perle; 3 – Gleitschwimmer; 4 – Bleibeschwerung; 5 – Knotenschoner; 6 – Wirbel mit Einhänger; 7 – Vorfach mit Haken

den Zweck, das häufige Verhängen des Vorfachs an der Antenne des Schwimmers zu verhindern, wie es vor allem bei Würfen gegen den Wind immer wieder vorkommt. Dieser untere Stopper soll weit genug über der Bleibeschwerung auf der Hauptschnur sitzen. Da beim Angeln mit Schwimmer nur Vorfächer von etwa 0,40 m Länge benutzt werden, sei der Abstand des Stoppers vom Blei etwa 0,50 m. Wichtig ist, daß sich dieser Stopper beim Wurf nicht verschiebt, man nimmt also am besten ein Stückchen Ventilgummi, durch das die Schnur zweimal geführt wird.
Die Montage mit Gleitschwimmer eignet sich für stehende und für Gewässer mit leichter bis mittlerer Strömung.

3.2.5.3. Wippangel

Auf einigen großen norddeutschen Seen wird auch heute noch erfolgreich mit einem schon sehr alten Gerät auf Aal wie auf andere Fischarten geangelt, nämlich mit der Wippangel. Dieses Gerät soll hier wenigstens Erwähnung finden.
Die Wippangel, in etwas anderer Form früher auch als sogenannte Bollwerksangel von befestigten Ufern aus gebräuchlich, wird vom Boot aus auf größeren Wassertiefen angewandt. Das Gerät besteht aus einer kurzen Rute, die sich aus einem hölzernen Handgriff mit oder ohne Rolle sowie einer federnden Spitze – heute meist aus Glasfibermaterial – zusammensetzt. Diese oft nur 50–60 cm lange Wippangel lagert ausbalanciert in einer am Bootsrand befestigten Gabel. Das Ausbalancieren geschieht dadurch, daß man die in der Gabel des Gerätes ruhende Querachse – meist ein 5 mm starker Draht – umsteckt, wozu im hölzernen Handgriff eine Reihe von Bohrungen vorgesehen sind.
Die Schnur führt vom Boot senkrecht nach unten, als Bleigewicht dient eine auf der Schnur gleitende Kugel oder Olive, das relativ kurze Vorfach ist auswechselbar in einem Einhänger befestigt.
Über die Ausübung der Wippangelmethode siehe Kapitel 3.2.7.3.

3.2.6. Köder zum Aalfang

So wichtig beim Angeln auch die richtige Abstimmung des gesamten Gerätes ist, so daß man die Angel weit genug werfen und richtig führen kann, so wichtig auch die Wahl der einzelnen Geräteteile, um die Angel „fängig“ zu gestalten – der Köder ist und bleibt das A und O des sportlichen Fischfangs, und dies gilt ganz besonderns für den Fang des Aals. Hierzu werden, wie schon erwähnt, ausschließlich Naturköder verwendet, die vor allem durch ihren Geruch und ihren Geschmack auf die Sinnesorgane des Aals wirken und ihn zum Biß verleiten sollen. Hierbei gibt es allgemeine, überall gültige Regeln zu beachten, daneben aber auch örtliche Besonderheiten. Zu ersteren gehört zum Beispiel die unumstößliche *Tatsache*, daß der Aal kein Aas frißt, sondern nur frische Köder annimmt. Unter „frisch“ ist hier zu verstehen, daß der tierische Köder noch keinerlei Zersetzungserscheinungen aufweisen darf. Als frisch gelten also z. B. auch solche Köder, die tiefgekühlt längere Zeit gelagert worden sind, nur müssen diese dann unmittelbar nach dem Auftauen verwendet werden. *Örtliche Besonderheiten* gibt es vor allem dort, wo Aale in einem bestimmten Gewässer oder Gewässerabschnitt über längere Zeit hinweg daran gewöhnt sind, auch untypische Nahrung aufzunehmen, so etwa Lebensmittelabfälle oder auch Fertignahrung aus industriellen Mastanlagen. Wer in vielen verschiedenartigen Gewässern auf Aal geangelt hat, wird außerdem wissen, daß es fast überall Erfolgsköder für den Aal gibt, die für das jeweilige Gewässer und dessen Nahrungsangebot charakteristisch sind. Die nachfolgend angeführte Köderpalette kann also nicht für alle Gewässer als verbindlich gelten.

3.2.6.1. Wurmköder

Neben den Köderfischen sind bei uns die verschiedenen Wurmarten die am häufigsten angewandten Köder zum Aalfang (vgl. 3.2.6.7.). Dies hat seinen Grund wohl einerseits in einer guten Fängigkeit dieser Köder, zum anderen aber auch in einer gewisssen Tradition und in der Tatsache, daß Wurmköder meist leicht zu suchen und problemlos aufzubewahren sind.
Bei der Besprechung der einzelnen Wurmarten, die sich als Köder eignen, ist zu unterscheiden zwischen erdbewohnenden oder Erdwürmern und wasserbewohnenden, wobei letztere fast ausschließlich zum Angeln an der Küste Verwendung finden. Als beliebtester und auch durchaus fängiger Aalköder ist der allgemein bekannte *Tauwurm* anzusehen, der in den Fangmeldungen unserer Sportangler konkurrenzlos an der Spitze der Wurmköder steht. Das bedeu-

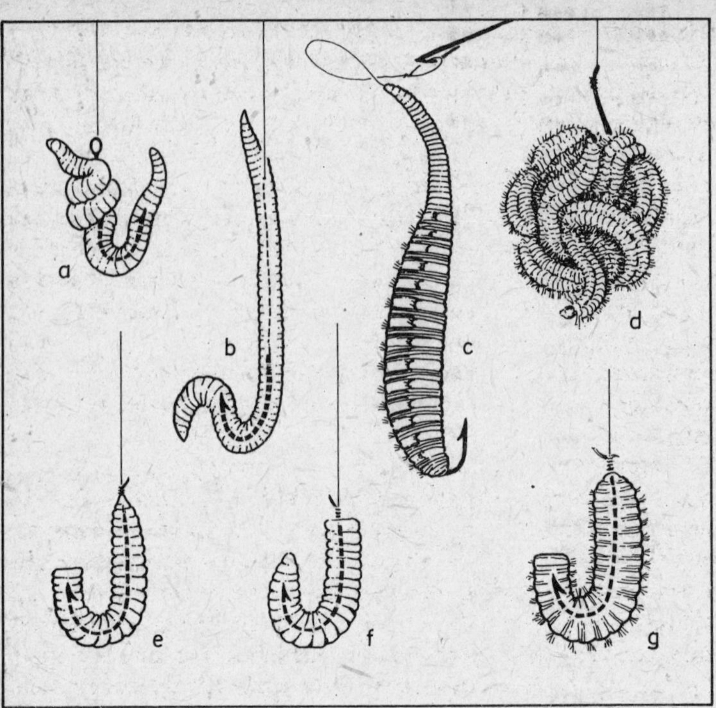

Abb. 27 Wurmköder mit Anköderungsarten: a – ganzer Tauwurm; b – Rotwurm, weit auf das Vorfach gezogen; c – Wattwurm, mit Ködernadel aufgezogen; d – Schlickwurmbündel; e – Tauwurmkopf, in Höhe der Hakenspitze abgekniffen; f – Tauwurmschwanz, in Höhe des Hakenplättchens abgekniffen; g – Vorderteil des Wattwurms, Hinterleib abgekniffen (e, f, g: vor allem geeignet für Schnappmethode)

tet allerdings noch lange nicht, daß es sich beim Tauwurm nun tatsächlich um den idealen Köder zum Aalfang handelt, nur spielen offensichtlich gerade hier Gewohnheit, leichtes Erbeuten und Aufbewahren des Köders eine Rolle.

Der Tauwurm kann auf verschiedene Weise erbeutet werden. Werden nur kleinere Mengen benötigt, so kann man auf feuchtem, schwerem Boden auch durch Graben Erfolg haben, vor allem dort, wo man Grassoden ausstechen kann, in deren Wurzeln der Wurm sich gern aufhält. In trockenen Sommern ziehen sich die Tauwürmer tief in die Erde zurück, so daß man mit dem Grabgerät keinen Erfolg mehr hat. Es empfiehlt sich daher, rechtzeitig einen Vorrat anzulegen (s. u.).

Eine ständige Fangstelle für kleinere Mengen von Tauwürmern kann man sich schaffen, indem man an geeigneten Stellen alte Bretter oder Balken auf den feuchten Boden legt. Haben diese einige Wochen dort gelegen, so sind beim Aufnehmen solcher Bretter fast immer ganze Mengen von Tauwürmern darunter zu finden, die man aber rasch ergreifen muß, da sie sich sofort in ihre Gänge zurückziehen. Ähnlich kann man auch mit altem Schilf oder Stroh verfahren, das dann aber gut durchfeuchtet und festgetreten werden muß.

Größere Mengen von Tauwürmern – etwa zum Anlegen eines Vorrats – erhält man durch nächtliches Suchen mit der Lampe auf feuchtem Boden, besonders bei Regenwetter, hoher Luftfeuchtigkeit oder starkem Tau. In Trockenzeiten kann man das nächtliche Hervorkommen der Würmer provozieren, wenn vor Einbruch der Dunkelheit das betreffende Gebiet gut angefeuchtet wird (Rasensprenger, Gartenschlauch). Günstig für die Suche sind vor allem Stellen mit kurzem Graswuchs, aber auch auf unbewachsenem Gartenboden und sogar auf den festgetretenen Wegen und an Straßenrändern findet man die Tiere. Man orientiert sich an den meist überall sichtbaren kleinen Erdhäufchen, die das Vorhandensein der Würmer anzeigen.

Tauwürmer, die nachts teilweise aus ihren Gängen kommen und mit einem Teil ihres Körpers frei liegen, sind sehr erschütterungsempfindlich und lichtscheu. Man muß bei der Suche daher sehr behutsam auftreten und darf auch nie einen Wurm mit der Lampe direkt anleuchten. Durch das Reflektieren ihrer Schleimschicht sieht man die Würmer auch am Rande des Lichtkegels deutlich genug. Noch besser ist es, ein rotes Tuch vor die Lampe zu binden, da rotes Licht keine Scheuchwirkung zu haben scheint.

Der entdeckte Wurm wird in schnellem Zugriff unmittelbar dort erfaßt, wo sein Körper aus der Erde ragt. Dann muß einen Augenblick festgehalten werden, bis das Tier seinen Widerstand aufgibt und sich leicht aus seinem Gang ziehen läßt. Zieht man zu früh, so reißt der Wurm ab.

Unverletzte Tauwürmer lassen sich lange Zeit aufbewahren, es muß aber ein genügend großes Gefäß dafür verwendet werden. Am besten eignet sich eine Kiste. Als Inhalt werden verschiedene Erdmischungen empfohlen. Ich habe die besten Erfahrungen mit Rasensoden gehabt, die dicht aneinander in die Kiste gepackt werden. Gefüttert habe ich nie, trotzdem hielten sich die Tauwürmer monatelang. Bedingung ist, daß die Rasensoden nicht zu stark austrocknen und kühl und schattig gehalten werden (Keller). In regelmäßigen Abständen sind schwach erscheinende Würmer zu entfernen. Wird dies versäumt, und es befinden sich etwa sogar tote Würmer im Gefäß, so ist der gesamte Inhalt zu verwerfen, da dann auch noch die lebenden Würmer erwiesenermaßen vom Aal oft verschmäht werden.

Am fängigsten sind zum Aalfang frisch gesuchte Tauwürmer. Zum Angeln auf Aal ködert man den Tauwurm entweder ganz oder in Stücken an. Ein ganzer Tauwurm kann in gestreckter Lage mittels der Ködernadel aufgezogen werden oder auch als Wurmknoten durch mehrfaches Durchstechen mit dem Haken. Für ganze Tauwürmer verwendet man Haken der Größe 3.

Vor allem bei der Schnappmethode, aber auch beim Angeln mit dem Schwimmer, benutzt man oft auch lediglich Kopf oder Schwanz eines Tauwurms als Köder, wobei der Wurm kurz abgekniffen wird, so daß die Hakenspitze gerade noch verdeckt ist.

Für große Aale kann man auch ein Tauwurmbündel anködern, wobei 2–3 Tauwürmer abwechselnd mit dem (großen) Haken durchstochen und dann bis aufs Vorfach geschoben werden, worauf man sie der Reihe nach noch einmal durchsticht, bis der ganze Haken vom Wurmbündel verdeckt ist.

Weniger oft verwendet werden zum Aalfang die verschiedenen Arten der eigentlichen *Regenwürmer*, auch Gartenwürmer genannt, von denen allein der größten Art, dem sogenannten Blaukopf, einige Fängigkeit zugeschrieben wird. Dieser Wurm erreicht fast die Größe eines Tauwurms, ist aber wesentlich härter als dieser, und wahrscheinlich nicht so schmackhaft. Fang, Aufbewahrung und Anköderung sind ähnlich wie beim Tauwurm.

Sehr fängig sind dagegen beim Aalangeln in Binnengewässern und zum Teil auch im schwachsalzigen Brackwasser die verschiedenen Arten von *Rotwürmern*, von denen hier Rot-, Laub- und Mistwurm in Frage kommen. Da diese Wurmarten kleiner sind, werden sie

meist als Bündel zu mehreren auf den Haken gesteckt, man braucht also eine größere Anzahl.
Rot- und Laubwurm findet man in humushaltigem Boden, besonders auch unter altem Laub, Schilf oder Stroh sowie in Komposthaufen. Der Mistwurm lebt in aufgesetztem oder kompostiertem Rinderdung, mit Mist versetztem Kompost usw., falls diese nicht zu frisch sind. Man findet ihn auch in Karnickelmist, wenn dieser reichlich mit Stroh versetzt ist. Kenntlich ist der Mistwurm an seinen gelben Ringen, vor allem im Schwanzbereich. Er sondert eine geruchsintensive Flüssigkeit ab.
Zur Zucht des Mistwurms genügt es für Gartenbesitzer, sich einen kleinen Misthaufen an schattiger Stelle anzulegen, der mit einer Handvoll Würmer „geimpft" wird. Hier hat man dann bald danach immer seinen Vorrat zur Hand.
In den salzhaltigen Küstengewässern haben sich die dort heimischen Meereswürmer den Erdwürmern beim Aalfang deutlich überlegen gezeigt. Als z. B. unter den Anglern der Wismarbucht vor Jahren der Wattwurm als Aalköder allmählich bekannt wurde, konnte durch Befragungen festgestellt werden, daß die Fangergebnisse sich wie 5:1 verhielten – zugunsten des Wattwurms und zuungunsten des bis dahin üblichen Tauwurms.
Der *Wattwurm* kommt in der Wismarbucht und in deren Nebengewässern vor, weiter östlich ist er nur noch auf tieferem Wasser vorhanden und für den Angler daher nicht erreichbar. Fängig ist dieser Köder aber auch dort, wo er in der Natur aufgrund schwächeren Salzgehalts nicht mehr vorkommt, sogar im Binnenwasser.
Das Vorhandensein von Wattwürmern im Flachwasser erkennt man an den vielen, bis zu 12 cm im Durchmesser großen, kegelförmigen Kothäufchen am Grund. Die Tiere sitzen bis zu 30 cm tief im Grund und bewohnen eine U-förmige Röhre. An diesen Stellen kann der Wattwurm mit der Grabforke gegraben werden, indem man jede Wohnröhre einzeln ansticht. Auf Sandgrund wird in zunehmendem Maße auch die Wurmpumpe benutzt, ein Gerät, das aus einem Gummistampfer mit Stiel besteht und mit dem man durch schnelles Auf- und Abbewegen die im Grund lebenden Würmer freilegt.
Unverletzte Wattwürmer kann man auf verschiedene Weise für kurze Zeit aufbewahren. Am besten gelingt dies, wenn sie in ein genügend großes Gefäß (Plastkanister) mit sauberem und kühlem

Salzwasser gegeben werden, das dann kühl und schattig aufzubewahren ist. Ist dann noch die Möglichkeit gegeben, das Wasser hin und wieder zu wechseln und sammelt man schwach werdende Exemplare aus, so kann eine Hälterung bis zu mehreren Tagen möglich werden.

Für kurzzeitiges Aufbewahren oder zu bloßen Transportzwecken zum Angelplatz kann man die Wattwürmer in eine flache Kiste geben und mit frischem Seegras oder Tang abdecken, auch mit Salzwasser angefeuchtetes Zeitungspapier erfüllt seinen Zweck. In einem Gefäß mit ganz leicht angefeuchtetem Seesand halten sich die Würmer gleichfalls etwa einen Tag lang.

Zur Anköderung des Wattwurms benutzt man meist die Ködernadel und zieht dabei einen ganzen Wattwurm so auf das Vorfach, daß der Kopf des Köders im Hakenbogen liegt. Bei Anwendung der Schnappmethode zieht man den Wurm ohne Ködernadel über den Haken bis aufs Vorfach und kneift dann das über die Hakenspitze ragende Schwanzende ab.

Fast gleich gute Erfolge bringt auch der wesentlich kleinere *Schlickwurm*, der in schlammigen Stillwassergebieten an der ganzen Küste durch Graben im Flachwasser zu erbeuten ist. Diese Köder werden zum Aalfang grundsätzlich zu mehreren als Bündel auf nicht zu große Haken gezogen. Aufbewahrt werden die Schlickwürmer in kleinen Gefäßen mit trockenem oder ganz leicht angefeuchtetem Seesand.

Watt- und Schlickwurm sind sehr weich und vertragen keine zu harten Würfe.

In einigen Gegenden ist übrigens auch der Gebrauch des Pferdeegels als Aalköder gebräuchlich und soll gute Erfolge bringen. Darüber liegen mir aber keine eigenen Erfahrungen vor.

3.2.6.2. Wirbeltierköder

Unter dieser Überschrift wollen wir hier vor allem lebende und tote Köderfische verstehen, weiterhin Fetzenköder aus Fischfleisch sowie ganze oder geteilte Frösche. Letztere dürfen allerdings in der DDR aufgrund der z. Zt. gültigen Artenschutzverordnung nicht mehr als Köder verwendet werden. Was außerdem noch als Aalköder Verwendung finden kann und von Wirbeltieren stammt, ist im Abschnitt 3.2.6.5. angeführt.

Von den obengenannten Wirbeltierködern werden bei uns wohl am häufigsten unzerteilte lebende oder tote Köderfische geeigneter Größe zum Aalfang verwendet, seltener der Fetzenköder.
Werden *unzerteilte Fische* als Köder benutzt, so dürfen sie natürlich eine gewisse Größe nicht überschreiten, denn nicht immer wird gleich ein ganz kapitaler Aal zu erwarten sein, der auch eine Plötze im Hechtköderformat zu schlucken vermag.
Geeignet sind also schlanke Fische bis zu etwa 10 cm Länge, stehen nur hochrückige Köderfische zur Verfügung, sollten sie noch wesentlich kleiner sein. Da einige Arten durch Mindestmaße geschützt sind, dürfen unter Umständen nicht alle im folgenden genannten Köderfischarten zum Aalfang verwendet werden. Nennen möchte ich sie aber trotzdem, um zu zeigen, wie reichhaltig die Nahrungspalette unserer Aale ist.
In den ausgewerteten Fangmeldungen tauchen vor allem die folgenden Fischarten als Aalköder auf (vgl. 3.2.6.7.): Plötze, Ukelei, Rotfeder, Gründling und Güster, vereinzelt wurden Fänge gemeldet auf Barsch, Kaulbarsch, Karausche, Brachsen und Elritze. Im Bereich der Küstengewässer kommen dazu noch Junghering, Sprotte, Tobiasfisch, Grundel, Aalmutter und zu gewissen Zeiten auch Stichling. Ein ganz vorzüglicher Aalköder ist dort, wo er zu haben ist, der Stint.
Alle zu Köderzwecken erlaubten *Kleinfische* werden vom Sportangler entweder mit der Köderfischsenke oder mit der feinen Wurmangel gefangen, abgesehen von den Fällen, wo man sich Köder vom Berufsfischer erbitten kann.
Die Köderfische können sowohl in lebendem als auch in frisch getötetem oder in gefrostetem Zustand mit gleichem Erfolg dem Aal angeboten werden. Bei *Lebendködern* wendet man die Lipp- oder Rückenköderung am Einfachhaken an, man benutzt Haken der Größe 1–3. Das *Anködern getöteter Kleinfische* erfolgt zweckmäßig mit der Ködernadel, wie Abb. 28 b zeigt. Diese Befestigung am Haken bewährt sich auch bei Weitwürfen und ist insofern günstig, als der beißende Aal meist den Kopf des Köders zuerst packt und so gleich zu Beginn des Bisses den Haken ins Maul nimmt.
Fetzenköder – wozu hier auch halbierte Kleinfische gerechnet werden sollen – bieten unter Umständen die Möglichkeit, auch Köderfische zu verwerten, die unzerteilt für den Aal zu groß wären. Außerdem können Fischfetzen fängiger sein als unzerteilte Köder,

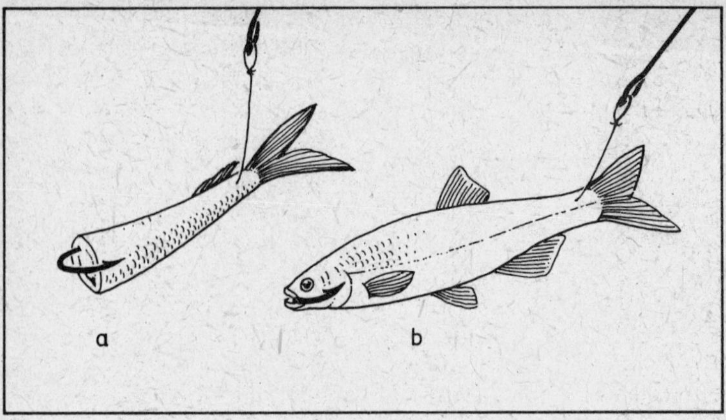

Abb. 28 Wirbeltierköder mit Anköderungsarten: a – Fetzenköder aus Schwanzstück vom Fisch, mit Ködernadel aufgezogen (die Schnittfläche soll an der Hakenspitze liegen); b – toter Kleinfisch am Haken, mit Ködernadel aufgezogen

da sie im Wasser mehr Lockwirkung durch austretende Körpersäfte entwickeln. Aus dem gleichen Grund schneidet man beim Aalangeln auch gern Fetzenköder aus dem Bauchbereich des Köderfisches und beläßt nach Möglichkeit die Innereien daran, vor allem Leber, Milch und Rogen.

Geschnittene Fetzenköder sollen möglichst eine langgestreckte und schmale Gestalt haben. Sie lassen sich von allen oben genannten Fischarten herstellen, wobei solche aus fettem und weichem Fleisch offenbar vom Aal bevorzugt werden. In der älteren Literatur findet man immer wieder Hinweise darüber, daß Fetzenköder vom Aal oder vom Neunauge besonders erfolgversprechend seien. Ähnliches galt von Salmoniden und Coregonen. In den Küstengewässern werden Fetzenköder meist vom Hering und vom Tobiasfisch hergestellt.

Fetzenköder können mit oder ohne Ködernadel auf den Haken gezogen werden, je nach ihrer Gestalt und Konsistenz. Verwendet man halbierte Fische, so soll die Schnittfläche im Hakenbogen liegen, hier muß also die Ködernadel zum Aufziehen Verwendung finden.

Wichtig ist, daß tote Kleinfische wie Fetzenköder frisch sind. Nach längerem Ausliegen der Angel ohne Biß sind sie auszuwechseln. Gern nimmt der Aal auch einen kleinen *Frosch* oder Teile eines größeren als Köder an. Es ist jedoch zu beachten, daß in der DDR alle Amphibien unter Naturschutz stehen, weshalb Frösche als Köder nicht mehr verwendet werden dürfen.

3.2.6.3. Krebstiere als Köder

In den vorliegenden Fangmeldungen erscheint ein Krebstier als Aalköder nur sehr selten. Im Gegensatz zu dieser Tatsache ist jedoch festzustellen, daß Krebstiere ganz ausgezeichnete Köder zum Aalfang abgeben. Ihre Beschaffung ist allerdings manchmal etwas aufwendig, und hier wird wohl auch der Grund für die relativ seltene Anwendung liegen.
Von den *Flußkrebsen*, die allesamt gute Köder abgeben, darf in der DDR nur der „Amerikaner“ benutzt werden, wohingegen die Verwendung von Edelkrebs und Galizischem Krebs untersagt ist (Gewässerordnung des DAV). Die in einigen Binnengewässern heimische Wollhandkrabbe wird hauptsächlich von ortsansässigen Anglern als Köder verwertet.
Die genannten Süßwasserkrebse zu fangen ist nicht immer ganz einfach und setzt Vertrautheit mit dem jeweiligen Gewässer voraus. Von Spezialisten werden dazu z. B. Röhren oder alte Autoreifen ins Wasser gelegt, die morgens abgesucht werden. Auch der nächtliche Fang mit Stablampe und Kescher im Flachwasser ist möglich oder am Tage das Suchen unter Steinen und in Uferhöhlungen. Vielfach glückt auch der Fang mit der Senke, die mit Fleischabfällen oder Fisch beködert wird. Vor allem Wollhandkrabben erhält man oft auch vom Berufsfischer.
Am besten verwendbar sind sogenannte Butter- oder Mieterkrebse, die sich gerade im Stadium der Häutung befinden, was meist in den Sommermonaten der Fall ist. Kleine Exemplare können im ganzen angeködert werden, indem man sie am Haken festbindet. Größere Krebse werden getötet und zerteilt. Oft wird der getötete Krebs in siedendes Wasser gelegt und kurz aufgekocht, danach verwendet man vom Flußkrebs vor allem den Schwanz, der abgebrochen und aus dem Panzer geschält wird, falls es sich nicht um einen weichen Butterkrebs handelt. Von großen Krebsen gewinnt

man auch Köderbrocken aus den Scheren und aus dem Kopfbrustteil. Auch von der Wollhandkrabbe lassen sich Köderbrocken gewinnen.

Der Schwanz des Flußkrebses wird häufig auch ungekocht angeködert. Flußkrebse wie Wollhandkrabben tötet man, indem man sie kräftig auf den Boden wirft.

Im Küstengebiet bieten sich die *Garnelenarten* als Köder an. Es handelt sich um kleinere, etwa 3–7 cm lange, glasig-durchsichtige Krebstiere, die schwarmweise im Flachwasser leben. In manchen Gegenden werden Garnelen als Köder für Grundschnüre benutzt und daher in großen Mengen gefangen, so daß man sich gelegentlich Köder erbitten kann. Der richtige Name „Garnele“ wird aber von den Fischern meist nicht verstanden, man frage also nach „Krabben“.

Außerdem lassen sich Garnelen auch mit dem engmaschigen Schiebekescher in Wassertiefen bis zu 1 m fangen, vor allem auf Sandgrund und zwischen lockeren Seegrasbeständen.

Größere Garnelen werden einzeln auf den Haken gesteckt, kleinere zu zweit. Aufbewahren lassen sie sich einige Zeit in kühl gehaltenen Gefäßen zwischen feuchtem Seegras oder Tang. Beim Hältern in Seewasser muß das Gefäß abgedeckt werden, sonst springen die Tiere heraus.

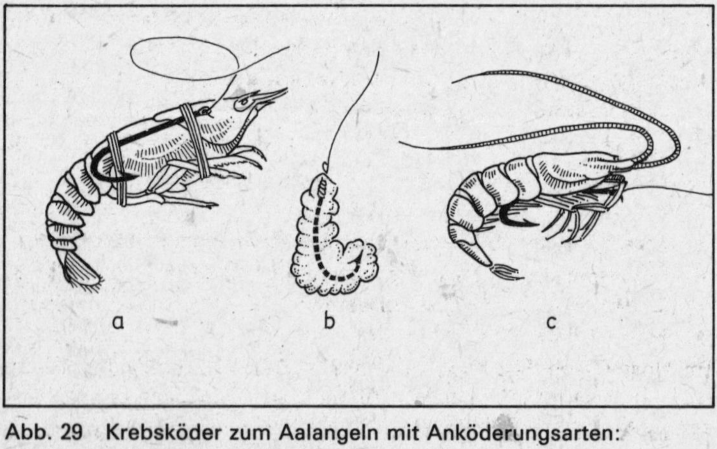

Abb. 29 Krebsköder zum Aalangeln mit Anköderungsarten: a – kleiner Flußkrebs am Haken, angebunden; b – Krebsschwanz am Haken, gekocht und ausgeschält; c – Ostseegarnele am Haken

3.2.6.4. Weichtiere als Köder

Viele Fische nehmen als natürliche Nahrung gern die Weichtiere unserer Gewässer auf, also die verschiedenen Muscheln und Wasserschnecken. Der Aal macht dabei keine Ausnahme. Mein bereits mehrfach erwähnter Aquarienaal pflegt z. B. trotz reichlichen anderweitigen Nahrungsangebots regelmäßig die eingesetzten Schlammschnecken zu dezimieren – die kleinen frißt er offensichtlich mit Schale, die großen saugt er aus, so daß ich dann am Tage nur noch die leeren Schalen am Grund liegend vorfinde.
Es liegt nahe, auch Weichtiere als Köder zum Aalfang zu benutzen. In unseren Binnengewässern bietet sich als Köder die *Teichmuschel* an, die vom Aal in kleinen Exemplaren nachweislich gern gefressen wird, während sie bei zunehmender Größe durch ihre Schale geschützt ist. Trotzdem konnte ich beobachten, daß mein Aquarienaal auch große Teichmuscheln anzugreifen versuchte, wenn diese ihren Fuß aus der Schale streckten, um sich auf dem Grund fortzubewegen.
Die bei uns in manchen Gewässern häufige Teichmuschel wird geöffnet, und die festen Teile um den Schließmuskel herum werden als Köder auf den Haken gesteckt. Anhängende Weichteile des Muschelkörpers wickelt man zusätzlich um Hakenschaft oder Vorfach.
An der Ostsee sind es vor allem die weiße *Sandklaffmuschel* und die *Miesmuschel*, die als Köder Verwendung finden können. Bei dünnschaligen Weichtieren genügt es, zum Anködern die Schale zu zerdrücken, anhaftende Schalenreste stören nicht.

3.2.6.5. Sonstige Köder

Aale sind schon auf die scheinbar absonderlichsten Köder gefangen worden, doch sind solche Fänge oft örtlich bedingt. Ich habe in dieser Hinsicht einige Erlebnisse gehabt, die ich hier anführen möchte.
Im Nord-Ostsee-Kanal ist es üblich, Aale auf *Salzheringsstücke* zu fangen; dieser Köder galt dort früher sogar als Geheimtip. Ich erzählte dies einem befreundeten Berufsfischer und wir legten mangels anderer Köder im Saaler Bodden eine Grundschnur von 800 Haken aus, die mit Salzheringsstücken beködert waren (ich

war zu dieser Zeit nicht nur Sportangler, sondern auch Berufsfischer). Am nächsten Tag hatten wir nicht einen einzigen Fisch an den Haken, und ich stand sehr dumm da.
Im Hafen von Wismar beobachtete ich 1956, wie ständig Aale auf Stücke von *Schnittkäse* geangelt wurden, und fing schließlich selbst einige Aale auf diesen Köder. Dann probierte ich das gleiche später an anderen Plätzen, ohne je wieder Erfolg verbuchen zu können.
1959 angelte ich im Hafen von Rostock eine ganze Reihe von guten Aalen auf Heringseingeweide, die wegen ihrer Weichheit lediglich um den Hakenschaft gewickelt wurden. Ich habe später nie wieder auf diesen Köder Aale gefangen.
Erst viel später wurde mir der Grund solcher örtlichen Erfolge klar. Dort, wo der Aal daran gewöhnt ist, am Grund weggeworfene Speiseabfälle vorzufinden – wie eben in Gebieten mit regelmäßigem Schiffsverkehr –, dort nimmt er auch unübliche Köder kritiklos an. An anderen Plätzen dagegen verschmäht er die gleichen Köder. So sind Aale schon auf Geflügelinnereien, Fisch- und Fleischreste, Wurststücke, Leber (gekocht oder roh) und andere ausgefallene Köder zur Strecke gebracht worden. Beim gezielten Angeln auf Aale sollte man aber nur im Notfall auf derartiges zurückgreifen.

3.2.6.6. Lockköder

Wie viele andere Fischarten, läßt sich auch der Aal durchaus anfüttern, d. h. durch Einbringen von Lockködern an den Angelplatz locken und dort halten. Allerdings muß man dabei in Kauf nehmen, daß auch unerwünschte Nahrungskonkurrenten des Aals gleichermaßen angelockt werden und eventuell den an der Angel angebotenen Köder annehmen.
Als Lockköder für Aale eignet sich alles, was bisher als Köder genannt wurde, also z. B. zerstoßene Würmer, Krebse und Weichtiere aller Arten, außerdem zerschnittene Fische, Innereien, Blut und anderes mehr. Die Lockköder werden nicht einfach ins Wasser geworfen, sondern entweder in Lehm eingeknetet oder in einen feinmaschigen Futtersack (Damenstrumpf) getan und dann an der Angelstelle auf den Grund gelegt. Vorhandene Strömung erhöht die Lockwirkung, man legt dann die Angel stromab vom Lockköder in die Duftspur.

3.2.6.7. Fangmeldungen bezogen auf Köderwahl

Im folgenden werden in Form von Tabellen Fangmeldungen aus der DDR vorgestellt, die in den Jahren 1966–1986 eingingen, wobei Bezug auf die verwendeten Köder genommen wird. Es folgt zum Vergleich ein Auszug aus Fangmeldungen aus der BRD, die in den Jahren 1976–1984 eingingen.
In den Tabellen werden die Köder so bezeichnet, wie sie von den Einsendern der Fangmeldung benannt wurden. Die leider recht häufigen Angaben, aus denen die genaue Art des Köders nicht hervorgeht, wurden in Anführungszeichen gesetzt, also etwa die Sammelbezeichnung „Köderfisch", die recht oft auftaucht.

Tabelle 4 Fangmeldungen von Aalen aus der DDR, bezogen auf die verwendeten Köder, 1966–86

Köderart	1500–2500 g	2501–3000 g	3001–3500 g	>3500	Gesamt	
Tauwurm	110	18	2	2	132	Wurmköder gesamt: = 156 = 45,3%
Rotwurm	11	—	1	—	12	
„Wurm"	9	—	—	—	9	
„Regenwurm"	1	—	—	—	1	
Mistwurm	1	—	1	—	2	
„Köderfisch"	114	22	8	2	146	Wirbeltierköder gesamt: = 183 = 53,2%
Plötze	9	—	—	1	10	
Gründling	3	1	—	1	5	
Güster	5	—	1	—	6	
Ukelei	3	1	—	—	4	
Karausche	2	—	—	—	2	
Rotfeder	1	—	—	—	1	
Fetzenköder	7	—	1	—	8	
Frosch	1	—	—	—	1	
Krebsfleisch	2	—	—	—	2	Sonst. Köder gesamt: = 5 = 1,5%
Teig	1	—	—	—	1	
„Spinnangel"	2	—	—	—	2	

Tabelle 5 Fangmeldungen 1976–1984 aus der BRD, bezogen auf die verwendeten Köder

Köderart	1500–2500 g	2501–3000 g	3001–3500 g	>3500	Gesamt	
Tauwurm	7	2	4	8	21	Wurmköder gesamt: 29 (42%)
„Wurm“	2	1	1	1	5	
Rotwurm	2	1	—	—	3	
„Köderfisch“	4	4	3	1	12	Wirbeltierköder gesamt: 36 (52,2%)
Plötze	4	3	2	—	9	
Rotfeder	1	—	2	1	4	
Gründling	1	—	1	—	2	
Ukelei	—	1	—	1	2	
Barsch	—	1	—	—	1	
Brachsen	—	—	—	1	1	
Elritze	—	—	—	1	1	
Kaulbarsch	1	—	—	—	1	
Fetzenköder	1	1	1	—	3	
Hühnerdarm	1	—	—	—	1	Sonst. Köder gesamt: 4 (5,8%)
Rindfleisch	—	—	—	1	1	
Leber	—	1	—	—	1	
Maden	1	—	—	—	1	

Bei beiden Tabellen aus angelsportlich annähernd gleichartigen Territorien fällt auf, daß die Fänge auf Wirbeltierköder eine leichte Überlegenheit gegenüber denen auf Wurmköder zeigen, während alle anderen Köderarten nur am Rande eine Rolle zu spielen scheinen. Vor allem die ganz kapitalen Aale über 3 kg wurden mit einer Ausnahme sämtlich auf Wurm- oder Fischköder gefangen.

3.2.7. Angelmethoden

Der meist bodennahen Lebensweise des Aals und seinem Freßverhalten angemessen sind auch die Methoden zum gezielten Aalfang. Es wird das Angeln mit dem Bodenblei oder mit überwiegend tiefgestelltem Schwimmer ausgeübt. Andere Angelmethoden bringen nur Zufallserfolge.

3.2.7.1. Grundangeln mit dem Bodenblei

Diese Angelmethode ist die zum Aalfang gebräuchlichste, da auf diese Weise auch das gern betriebene Nachtangeln ausgeübt wird. Gerät, Montagemöglichkeiten und Köder wurden bereits vorgestellt, ebenso die Besonderheiten des Nachtangelns. Es bleibt nun noch zu schildern, wie der Angelvorgang selbst vonstatten geht.
Die Taktik hängt bei dieser Angelmethode von der Beschaffenheit des Bodengrundes vor dem Angelplatz ab. Zunächst ist zu entscheiden, welche der möglichen Montagen am zweckmäßigsten ist, danach ist dann die nötige Wurfweite zu beurteilen. Ist das Gewässer unbekannt, so stellt man zunächst durch eine *Reihenlotung* mit dem Gleitschwimmer die ungefähren Tiefenverhältnisse im vorgesehenen Angelbereich fest. Das ist sowohl beim Angeln vom Ufer als auch vom Boot aus wichtig. Man erkundet so den Verlauf der Schar sowie etwaige tiefere oder flachere Stellen. Hat man sich hiervon ein Bild gemacht, so entscheidet man je nach Eigenart des Gewässers, der Jahres- und der Tageszeit, wo man dem Aal seinen Köder anbieten will. Am Tage wird man also in klaren Gewässern vom Ufer aus die Scharkante überwerfen, um seinen Köder in tieferes Wasser zu bringen. Mit dem Boot ankert man direkt im Bereich der Schar. Im Frühsommer und vor allem bei trübem Wasser hat man auch in flacheren Gebieten Fangaussichten. Nachts wird man vornehmlich die Gelegezone beangeln, in die der Aal dann zur Nahrungssuche kommt.
Die Grundangel mit dem Bodenblei erlaubt ein ortsfestes Anbieten des Köders auch in fließendem Wasser. Die Angel wird also bis zur gewünschten Wassertiefe eingeworfen und das Gerät dann abgelegt. Dies kann nun nach zwei grundsätzlich verschiedenen Methoden erfolgen, die weitgehend vom gewählten Köder, den örtlichen Verhältnissen und der Beißlust des Aals abhängen.
Die bereits mehrfach erwähnte *Schnappmethode* wird vor allem bei Anwendung weicher Köder wie Wurm, Krebsschwanz oder Garnele Erfolg bringen, wenn der Aal beißfreudig ist. Nach dem Einwurf wird die Schnur stramm gedreht und die Rute steil aufrecht in den röhrenförmigen Rutenhalter gestellt bzw. beim Bootsangeln gegen die Bordwand gelehnt. Der Rollenbügel bleibt geschlossen, die Schleifbremse ist auf die Tragkraft der Schnur eingestellt. Voraussetzung für den Erfolg ist, daß der Köder so angebracht wurde, daß

sich die Hakenspitze unmittelbar am Ende des Köderbrockens befindet, also gerade noch verdeckt wird. Beim Biß schlägt sich der Aal durch die Federkraft der aufrecht stehenden Rute meist selbst an und hat den Haken dann fast immer im Unterkiefer.
Diese Methode eignet sich in stehenden und fließenden Gewässern

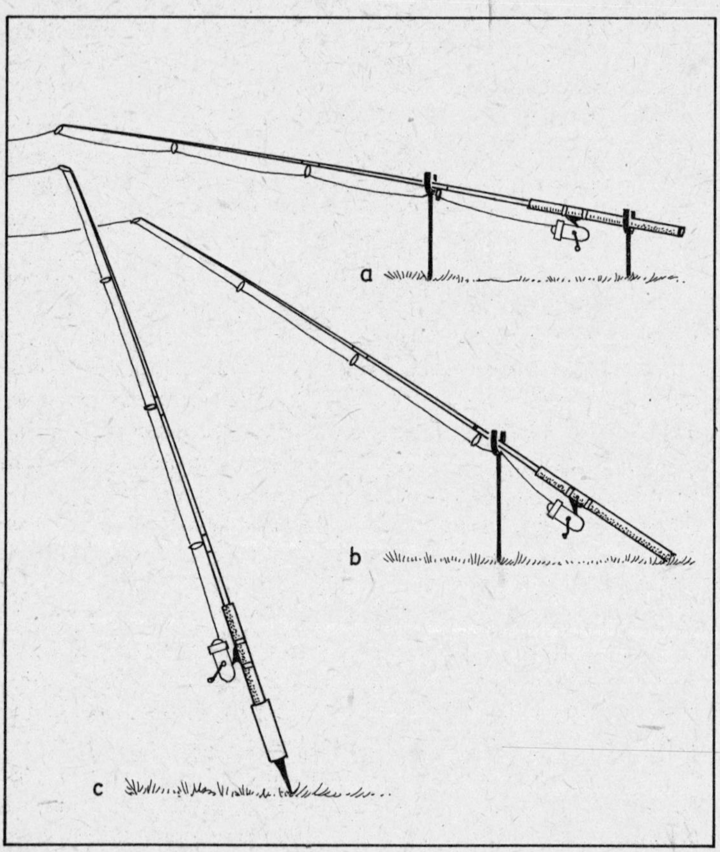

Abb. 30 Verschiedene Möglichkeiten zum Plazieren der Grundangel beim Aalangeln: a – Rute flachgestellt, mit loser Schnur, Rollenbügel geöffnet; b – Rute in Gabelrutenhalter, ausbalanciert zum Wippen; c – Rute steilgestellt, mit gespannter Schnur, Rollenbügel geschlossen (Schnappmethode)

vor allem dann, wenn der Aal „läuft“, d. h. gierig Nahrung annimmt.

Eine Abwandlung der Schnappmethode besteht darin, die Rute schräg aufwärts in einen gabelförmigen Rutenhalter zu lehnen und sie so auszubalancieren, daß sie ihre Stellung bei den herrschenden Wind- und Strömungsverhältnissen gerade noch beibehält, ohne zu kippen. Bei einem Biß kippt dann die Rute ruckartig zum Wasser hin, auch hierbei schlägt sich der beißende Aal meist selbst an.

Wird von Bauwerken oder befestigten Ufern aus geangelt, so legt man die Rute so ab, daß sie einen möglichst großen Winkel zur Schnurrichtung bildet (etwa 90°). Ein Rutenhalter erübrigt sich dann. Bei harten Bissen kann es allerdings vorkommen, daß die Rute ins Wasser gezogen wird, man darf sich also vom Gerät nicht entfernen, solange mit geschlossener Rolle „auf Schnapp“ geangelt wird.

Die zweite mögliche Methode ist das *Angeln mit loser Schnur*, wobei man den beißenden Aal ungehindert Schnur abziehen und ihn den Köder schlucken läßt. Diese Methode muß angewandt werden, wenn man mit Köderfischen angelt und bringt auch mit allen anderen Ködern Erfolg, wenn etwa der Aal vorsichtig beißt. Letzteres merkt man beispielsweise daran, daß man bei Versuchen mit der Schnappmethode und Weichköder laufend Fehlbisse hat. Dann wird sofort umgestellt auf das Angeln mit loser Schnur.

Bei Anwendung dieser Methode wird nach dem Einwurf die Rute möglichst waagerecht und in Schnurrichtung abgelegt, um einen beißenden Aal möglichst wenig Widerstand spüren zu lassen. Man benötigt dazu einen oder zwei gabelförmige Rutenhalter. In stehenden Gewässern und bei Windstille genügt es oft, den Rollenbügel geöffnet und die Schnur lose herunterhängen zu lassen. Beim Nachtangeln kann einer der beschriebenen Bißanzeiger benutzt werden, der gleichzeitig die Schnur etwas festhält. Sind Wind oder Strömung vorhanden, muß die lose Schnur so weit arretiert werden, daß sie nicht vorzeitig von der Rolle läuft. Hierzu gibt es allerhand kleine Hilfsmittel wie auf die Schnur gelegte kleinere Steine, vor die Rolle geklemmte dünne Schilfhalme o. ä. Ich benutze meist ein kleines Gummibändchen am Rutengriff, in das eine Schlaufe der Schnur gerade so festgeklemmt wird, daß der Druck von Wind oder Strömung auf die Schnur aufgehoben wird. Bei einem Biß muß auf jeden Fall gewährleistet sein, daß die Schnur sofort und ohne Wi-

derstand auslaufen kann. Beim Angeln mit Köderfischen zieht ein beißender Aal oft eine erhebliche Menge an Schnur von der Rolle, bevor er verhält, um zu schlucken. Wichtig ist eine einwandfreie Funktion des verwendeten Rutenhalters. Es ist darauf zu achten, daß unter der Auflagestelle der Rute in der Gabel eine Aussparung für die Schnur vorhanden ist, die sonst von der Rute festgeklemmt wird und nicht auslaufen kann.
Die leicht eingestellte Schleifbremse der Rolle zum Arretieren der Schnur und gleichzeitig als Bißanzeiger zu verwenden, soll hier nicht empfohlen werden. Zu oft kommt es vor, daß man beim Anschlag vergessen hat, die Bremse wieder festzuziehen, so daß dadurch der ganze Biß verpatzt werden kann.

3.2.7.2. Grundangeln mit dem Schwimmer

In vielen Fällen wird dem Aal auch in Grundnähe mit der Schwimmerangel nachgestellt, und in der Tat kann dies an manchen Angelplätzen durchaus Vorteile bringen. Außerdem aber ist auch das Beobachten des Bisses an einer Angel mit Schwimmer besonders interessant und reizvoll.
Die Angel mit dem Schwimmer ist der Grundangel mit dem Bodenblei vor allem in folgenden Fällen überlegen:
- Beim Angeln auf kurze Distanz in kleinen Gewässern,
- beim Angeln vom Boot aus, wenn sich dieses zwischen den Ankern durch Wind und Wellengang ständig bewegt,
- beim Angeln auf sehr schlammigem Grund, in den Bodenblei und Köder tief einsinken,
- beim Treibenlassen der Angel mit Wind oder Strömung, wodurch eine Lockwirkung erzielt und ein größeres Gebiet abgesucht wird.

Ungünstig ist die Wahl dieser Methode dagegen, wenn
- in sehr starker Strömung geangelt wird,
- sehr weit geworfen werden muß,
- Krautwuchs am Grund die treibende Angel ständig festhängen läßt,
- Hindernisse am Gewässergrund vorhanden sind, in welche die Montage durch Verdriften geraten kann,
- im Angelbereich sehr unterschiedliche Wassertiefen vorhanden sind.

Je nach den örtlichen Gegebenheiten wird entweder der fest angebrachte oder der Gleitschwimmer benutzt. Ersterer wird meist an langer Rute und oft ohne Rolle geführt und ermöglicht es beispielsweise in kleinen Fließgewässern, die Montage auf Rutenlänge in der Strömung festzulegen. Auch beim Angeln vom Boot aus auf Wassertiefen, die geringer sind als die Rutenlänge, wird oft noch nach dieser Methode geangelt, desgleichen beim Anbieten des Köders zwischen Brückenpfählen, Dalben usw. Ein Vorteil des Angelns mit langer Rute – die natürlich ebensogut mit Rolle und Gleitschwimmer versehen sein kann – liegt darin, daß man den Köder zielgerecht an einem vermuteten Aalunterstand einsenken kann. Auch der Anhieb läßt sich gut führen, und einen gehakten Aal kann man schnell senkrecht aus dem Bereich des Grundes führen.

Überwiegend wird heute der Gleitschwimmer benutzt, der das Beangeln jeder vorkommenden Wassertiefe erlaubt und auch eine kürzere Rute gestattet. Mit größeren Gleitschwimmern kann auch relativ weit geworfen werden, nur sollte man diese Möglichkeit nicht überbewerten, da mit zunehmender Distanz auch ein Anhieb immer schlechter durchzubringen ist.

Beim Grundangeln mit dem Schwimmer kann die eingestellte Tiefe variiert werden. Zweckmäßig ist genaues Loten, um den Köder unmittelbar in Grundnähe anbieten zu können. Bei sehr weichem Grund stellt man etwas flacher, als die Lotung ergab, damit der Köder nicht im Schlamm versinkt. In Einzelfällen wird so auch verfahren werden müssen, wenn am Grund eine flache Pflanzendecke vorhanden ist.

Bei normalen Grundverhältnissen wird oft so tief gestellt, daß der Schwimmer schräg steht bzw. flach liegt, Blei und Köder also am Grunde aufliegen.

Wird in strömendem Wasser die Angel stromab festgelegt, etwa vom Boot aus, dann muß oft gleichfalls tiefer gestellt werden, als die Lotung ergab. Andernfalls würde sich bei in der Strömung schräg stehender Montage der Köder vom Grund heben. Um hier sicherzugehen, legt man oft gleichfalls das Blei an den Grund, was durch Flachliegen des Schwimmers erkennbar wird.

Auch beim Angeln mit dem Schwimmer wird die Rute nach dem Einwurf abgelegt, der Rollenbügel sollte geöffnet bleiben und die Schnur wird leicht arretiert (s. o.).

3.2.7.3. Grundangeln mit der Wippangel

Die im Kapitel 3.2.5.3. bereits vorgestellte Wippangel bietet auf tiefem Wasser eine Reihe von nicht zu unterschätzenden Vorteilen beim Aalfang. Richtig eingestellt, liegt das Bleigewicht senkrecht unter dem Boot so am Grund, daß die kurze Rute bei leicht gespannter Schnur in der Gabel schräg aufwärts zeigt. Beködert wird meist mit Wurm, Krebsschwanz oder Fetzenköder. Bei einem Biß kippt die Rutenspitze ruckartig nach unten, die Wippangel wird dann aus der Gabel genommen, man nimmt Fühlung auf und schlägt mit dem ganzen Arm an, wenn der Aal merklich abzieht. Sitzt der Aal am Haken, wird das Gerät abgelegt und die Schnur Hand über Hand eingeholt.
Der Vorteil der Wippangel liegt in der Unkompliziertheit des Geräts, seinen kleinen Ausmaßen (die Rute läßt sich in einer Aktentasche verstauen) und in seiner verblüffenden Fängigkeit. Da man meist auf größeren Wassertiefen angelt, ist das Gerät schneller ausgebracht und fangfertig plaziert als jedes andere. Bei Wellengang erhöht sich die Fängigkeit durch die Bewegungen des Bootes, die den Köder sich gleichfalls bewegen lassen.

3.2.7.4. Treibangeln mit dem Schwimmer in höheren Wasserschichten

Wie bereits erwähnt, jagt der Aal gleich anderen Raubfischen in tiefen Gewässern auch auf höher stehende Beute, und das oft auch am Tage. Ich glaubte diesbezüglichen Erzählungen erst, als mir vor langen Jahren einmal folgendes passierte:
Ich angelte mit Gleitfloß und kleinem Köderfisch während der Dunkelheit auf Aal und hatte die Angel, wie üblich, dicht über Grund gestellt. Lange erfolgte kein Biß. Als dann endlich der erste Aal am Haken saß, stellte ich fest, daß sich das Vorfach an der Antenne des Schwimmers verschlungen hatte und der Köder also unmittelbar unter der Oberfläche gehangen haben mußte. Sofort stellte ich die Angel trotz der vorhandenen 4 m Wassertiefe ganz flach und fing sofort weitere zwei Aale, während in Grundnähe weiterhin nichts biß.
Erlebt habe ich auch, daß im Lichtschein von Uferbeleuchtungen sich Kleinfische sammelten, die dann von Aalen attackiert wurden.

Diese Aale ließen sich trotz ihrer sprichwörtlichen Lichtscheu mit flachgestellter Angel erbeuten.
Es wurde schon erwähnt, daß in tiefen Seen Raubaale den in höheren Schichten ziehenden Kleinfischen folgen. Ortskundige Sportangler fangen z. B. regelmäßig Aale auf 15 m Tiefe, während die Wassertiefe am Angelplatz 30 m und mehr beträgt.
Bei solchen Gelegenheiten wird die Angel mit dem Gleitschwimmer eingesetzt, mit der man verschiedene Wassertiefen absuchen kann. Beködert wird mit Kleinfisch, Wurm oder Fetzenköder. Da man die Tiefe, in der Kleinfischschwärme ziehen, nicht kennt, muß eben probiert werden. Ich entsinne mich da eines unerwarteten Aalfangs in der Wismarbucht. Dort angelte ich vom Boot aus mit dem Bodenblei auf 7 m Tiefe und wollte den Köder kontrollieren. Beim zügigen Heranholen der Grundangel, der Köder muß sich auf etwa 3 m Tiefe befunden haben, gab es plötzlich einen Ruck, und ein guter Aal saß am Haken. Schnell stellte ich meine zweite Angel, eine Gleitschwimmermontage, auf 3 m Tiefe um und fing kurz darauf einen zweiten Aal auf weniger als der halben Wassertiefe. Dort muß ein Kleinfischschwarm entlanggezogen sein, der von Aalen verfolgt wurde.
Eine weitere Möglichkeit zum Treibangeln in höheren Wasserschichten ist beim nächtlichen Angeln in Flachwassergebieten gegeben. Auch dazu ein Erlebnis: Ich beangelte vor Jahren ein Flachwassergebiet mit etwa 2 m Wassertiefe und fing dort während der Dunkelheit Aale mit der Bodenbleimontage. Immer wieder geschah es, daß einige Zeit nach dem Dunkelwerden das Beißen am Grund aufhörte. Daher entschloß ich mich, es mit dem Gleitschwimmer in Oberflächennähe zu versuchen, zumal dort Geräusche von aufschlagenden Fischen zu hören waren. Ich stellte etwa einen halben Meter tief, ließ die Rolle offen und fühlte an der Schnur. Auf diese Weise fing ich dann mehr Aale als an der daneben ausliegenden Bodenbleimontage. Als zwei Tage später das Wetter umschlug, war es mit dem Beißen der Aale an der Oberfläche vorbei.
Solche Sonderfälle mögen zwar nicht die Regel sein, aber man sieht doch daran, was man als Angler alles probieren kann.

3.2.7.5. Angeln mit dem Pödder

Das weithin unbekannte „Pöddern“ soll hier der Vollständigkeit halber erwähnt werden. Diese Methode stammt aus dem Mündungsgebiet norddeutscher Flüsse und ist eigentlich sehr sportlich, da dabei kein Angelhaken verwendet wird. Untermaßige Aale können also unverletzt zurückgesetzt werden. Das Gerät besteht aus einer bis zu 3 m langen stabilen Rute ohne Rolle und ebenso langer Schnur. Der daran befestigte Köder ist der Pödder. Er wird folgendermaßen hergestellt:

- Etwa 30 Tauwürmer werden mittels einer Ködernadel der Länge nach auf einen dicken Wollfaden gezogen,
- der Wurmstrang wird um die Hand gewickelt, damit gleichgroße Schlaufen entstehen,
- das entstandene Bündel wird in der Mitte mit einem starken Dederonfaden zusammengeschnürt, so daß jetzt ringsherum gleichlange Wurmschlingen herabhängen,
- der Pödder wird unter Zwischenschaltung eines Bleigewichts an die Angelschnur geknüpft.

Dieser Köder wird vor dem Angeln hergestellt und kühl aufbewahrt. Ein Pödder reicht für einen Angelabend.

Das *Prinzip* dieser nur nachts anwendbaren Methode ist folgendes: Der Aal zieht der mit der Strömung verbreiteten Duftwolke entgegen und stößt auf das Wurmbündel, in das er hineinbeißt. Dabei verfängt er sich mit den feinen Bürstenzähnen im Wollfaden und kann angehoben werden. Je zerbissener ein Pödder ist, um so fängiger wird er.

In der Praxis sieht das so aus, daß der Pödder vom verankerten Boot (Steckstangen sind übrigens besser) aus auf Grund gelegt wird. Die Wassertiefe soll nicht mehr als etwa 2 m betragen, leichte Strömung erhöht die Aussichten. Die Rute behält man in der Hand, man spürt dann den Biß eines Aales durch ein deutliches Zerren an der Schnur. Jetzt wird der Aal, der sich im Wurmknäuel verbissen hat, zunächst vorsichtig, dann zügiger angehoben. Mit Schwung muß dann der Fisch über die Wasserfläche gehoben und ins Boot geschleudert werden, wo er meist sofort vom Pödder abfällt.

Oft fällt der Aal auch schon vorzeitig ab, weshalb manche Spezialisten außerhalb des Bootes eine aufgespannte Senke anbringen.

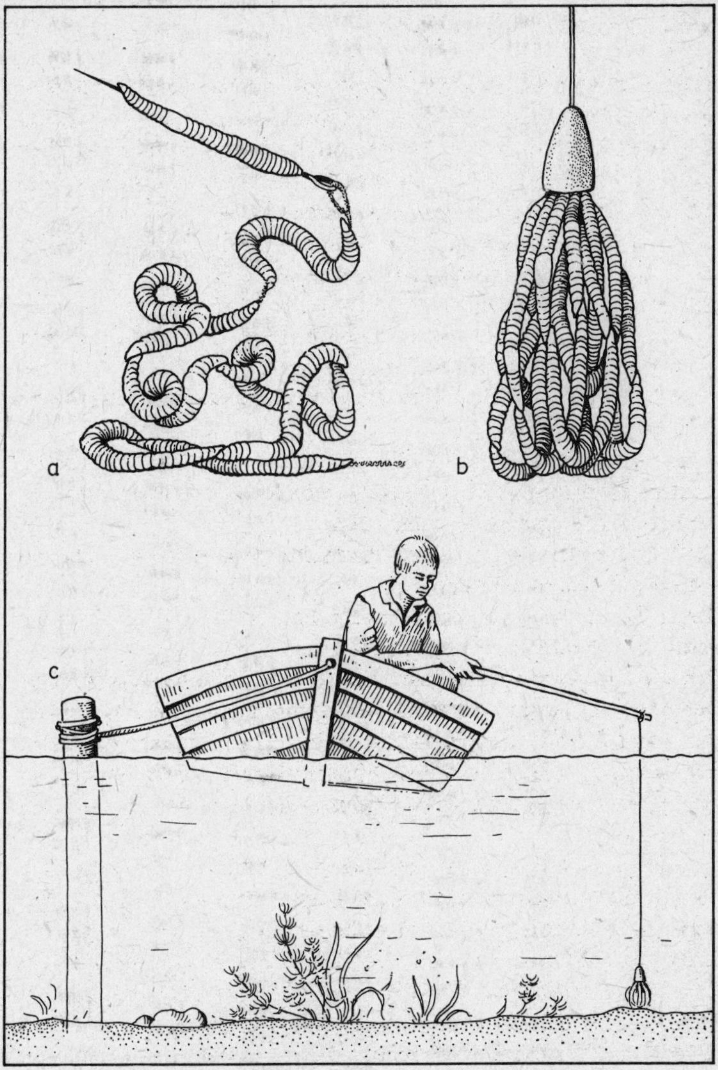

Abb. 31 Darstellung der Pöddertechnik: a – Herstellung des Pödders: eine entsprechende Anzahl von Würmern wird mit der Ködernadel aufgefädelt; b – Pödder aus Tauwürmern (mit Bleibeschwerung); c – Pödder, vom festgemachten Boot aus am Grund gehalten

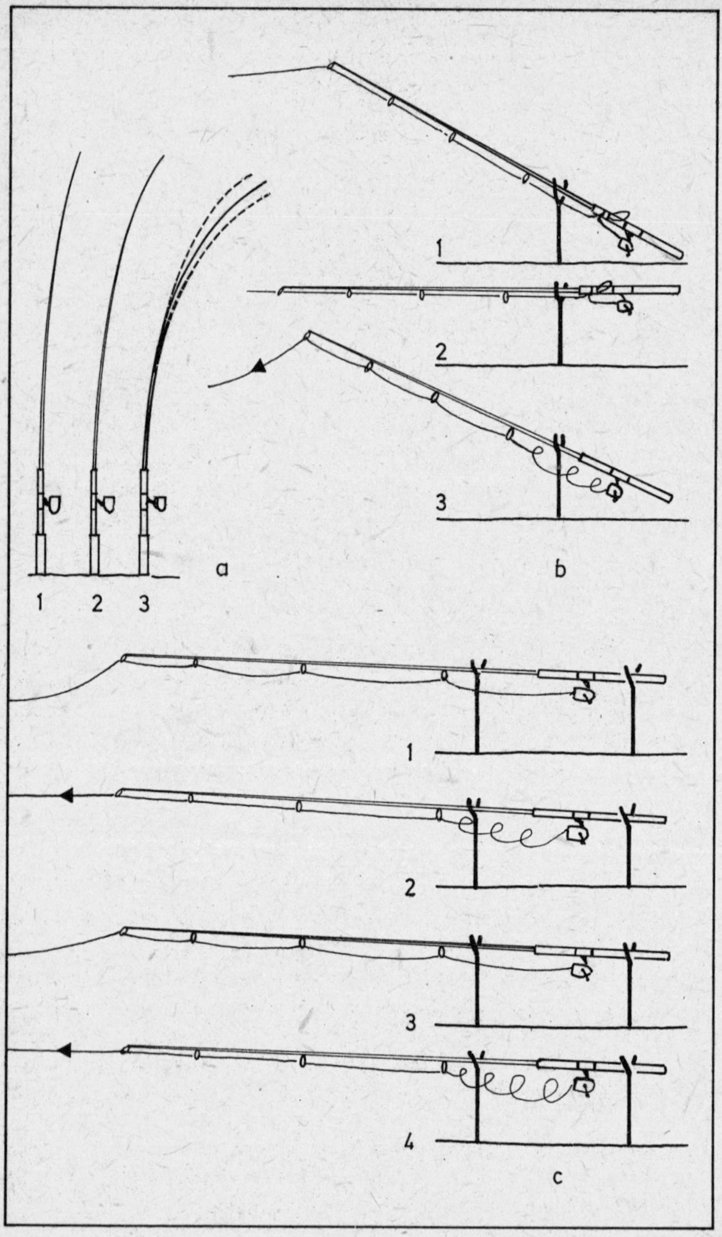
1
2
3
a
1
2
3
b
1
2
3
4
c

Die besten Erfolge erzielt man in dunklen, warmen Nächten, wenn der Aal richtig „läuft". An geeigneten Stellen kann das Pöddern auch vom Ufer aus ausgeübt werden.

3.2.7.6. Zufallsfänge bei anderen Angelmethoden

Am 5. 11. 1983 befand ich mich mit einem Sportfreund zusammen auf einem mecklenburgischen Binnensee, und wir angelten mit dem Pilker in 12 m Wassertiefe auf die dort stehenden kapitalen Hechte. Zur Zeit des Geschehens benutzte ich einen silbernen 30-g-Elbe-Pilker. Senkrecht unter dem Boot hatte ich einen Fisch am Haken, den ich anfangs für einen größeren Barsch hielt, der sich dann aber als Aal von 375 g erwies, der seitlich des Mauls von außen gehakt war. Ich hielt dies zunächst für einen Zufall. Aber zehn Minuten später hatte ich am gleichen Ankerplatz wieder einen Biß und landete einen Aal von 1 kg, der den Drilling des Pilkers voll im Breitmaul hatte! Noch nie hatte ich einen Aal am Kunstköder gefangen – und jetzt gleich zwei innerhalb von zehn Minuten! War dies nun noch Zufall oder nicht? Ich weiß es bis heute nicht.

Eventuell sind aber ähnliche Fälle schon öfter vorgekommen, als man denkt. Ich entsinne mich z. B., daß vor Jahren ein Sportfreund beim Makrelenangeln an der Warnemünder Mole einen Aal landete, der auf halber Tiefe am Pilker gebissen hatte. Ein anderer Sportfreund berichtete mir, daß sein Bootsnachbar beim Dorschangeln im Seegebiet vor Warnemünde einen Aal fing, der auf den

Abb. 32 Bißphasen an der Grundangel.
a – Schnappmethode: 1 – in der Ausgangsstellung ist die Schnur leicht gespannt; 2 – die Rutenspitze beginnt sich – oft ruckweise – zu biegen; 3 – heftiges Schlagen der Rutenspitze bei gespannter Schnur;
b – Wippmethode (Rollenbügel geöffnet, Schnurschlaufe hinter Gummiband): 1 – Ausgangsstellung; 2 – Niederwippen der Rute, Schnurschlaufe noch festgeklemmt; 3 – Schnurschlaufe aus dem Gummiband gezogen, Schnur läuft aus, Rute wieder in Ausgangsstellung;
c – Methode mit loser Schnur (Rollenbügel geöffnet, Schnur lose): 1 – Ausgangsstellung; 2 – Beginn des Schnurablaufes; 3 – Stocken des Schnurablaufes (Schluckphase); 4 – erneuter Schnurablauf

großen Dorschpilker biß. Auch über einen Fang an der Flugangel in einem Salmonidengewässer wurde schon berichtet. Sowjetische Seeleute fingen im Hafen von Wismar auf die unbeköderte Mormyschka mehrere Aale. Und schließlich sind in den Fangmeldungen (Tab. 4) auch zwei Spinnangelfänge von Aalen enthalten, aus denen leider der verwendete Kunstköder nicht hervorgeht.

3.2.8. Biß, Anschlag, Drill und Landung

Das Beißverhalten des Aals und damit das Erscheinungsbild der Bisse an der Angel kann sehr unterschiedlich sein und hängt weitgehend von den herrschenden Wetterverhältnissen ab. Auch das Nahrungsaufkommen im Gewässer spielt eine Rolle.
Bei *aufrecht gestellter Grundrute* und gespannter Schnur ist der „normale“ Aalbiß durch zunehmendes Ausschlagen der Rutenspitze erkennbar, die schließlich, wenn der Aal sich selbst angeschlagen hat, in gekrümmter Stellung stehenbleibt. Ein Fehlbiß zeigt sich daran, daß die Rutenspitze plötzlich zurückschnellt und die Schnur lose wird.

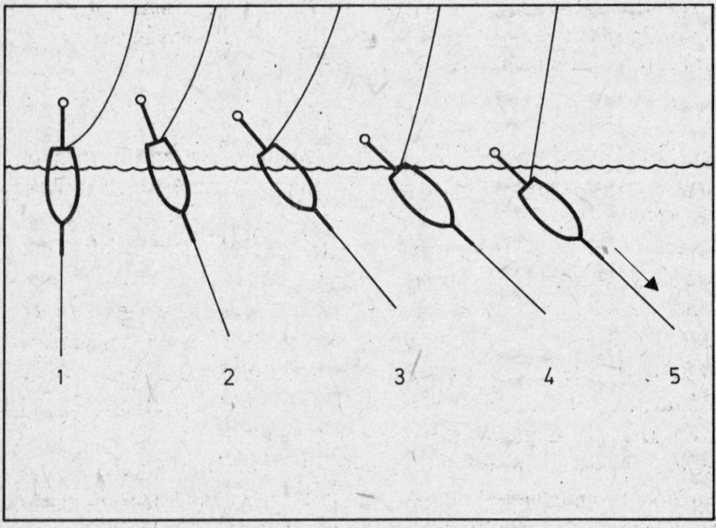

Abb. 33 Bißphase an der Angel mit Schwimmer im Flachwasser: 1 – Ausgangsstellung; 2, 3, 4 – Schrägstellung und Seitwärtswandern des Schwimmers; 5 – schräges Abtauchen des Schwimmers

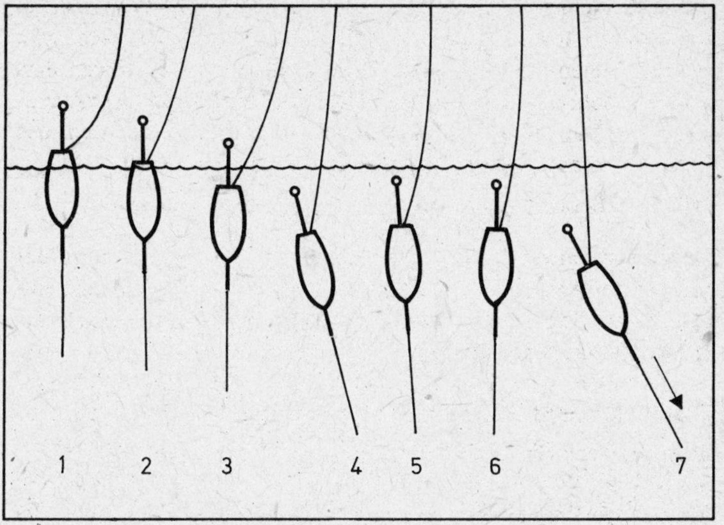

Abb. 34 Bißphasen an der Angel mit Schwimmer im Tiefwasser: 1 – Ausgangsstellung; 2, 3, 4 – Abtauchen des Schwimmers; 5, 6 – Verharren des Schwimmers unter der Oberfläche; 7 – weiteres (oft schräges) zügiges Abtauchen des Schwimmers

Bei *flauem Beißverhalten* des Aals können Bisse an gespannter Schnur auch lediglich durch leises Zucken der Rutenspitze kenntlich werden, wobei einzelne Pausen eintreten, in denen sich nichts bewegt. Nicht immer sind es kleine Aale, die so beißen. Die Rute wird aufgenommen, die Schnur gespannt und auf den Zeigefinger gelegt. Dann öffnet man den Rollenbügel und hält die Rute in Schnurrichtung. Wird ein längerer Zug an der Schnur festgestellt, schließt man den Bügel und setzt den Anhieb. Da auf Weichköder oft auch andere, kleinere Fische beißen, ist es natürlich manchmal ungewiß, ob es sich um einen Aalbiß handelt.

Beim *Nachtangeln* kommt es gelegentlich vor, daß kleinere Aale den Köder schlucken, ohne daß an der Rute der Biß angezeigt wird. Bei solchem Beißverhalten sind dann die Ruten häufiger zu kontrollieren, da sich solche Bisse wiederholen können.

Beim *Angeln mit geöffnetem Rollenbügel*, also z. B. beim Angeln mit Fischködern, beginnt bei einem Biß in Intervallen Schnur von der

Rolle zu laufen. Dies kann außerordentlich zügig, mitunter aber auch langsam und zögernd vor sich gehen. In beiden Fällen richtet sich der Zeitpunkt des Anschlages nach Größe und Art des verwendeten Köders. Bei zügigem Auslaufen der Schnur wartet man, bis der beißende Aal eine längere Pause einlegt und schlägt dann an, wenn die Schnur erneut zu laufen beginnt. Bei zögernden Bissen sollte man vorsichtshalber länger warten, als man selbst eigentlich will. Oft nimmt der Aal einen größeren Köder nur quer zwischen die Kiefer und verharrt längere Zeit, ohne den Brocken zu wenden und zu schlucken.
Untypisch, aber immer wieder vorkommend sind Bisse, bei denen die Schnur lose wird, der Aal also dem Angler entgegenzieht. Hier muß zunächst Fühlung genommen und dann angeschlagen werden, wenn die Schnur weiter lose wird.
Etwas einfacher ist die Entscheidung über den Anschlag, wenn ein *Schwimmer als Bißanzeiger* verwendet wird. Aber auch hier kann es Überraschungen geben, vor allem beim Angeln mit Köderfischen. Auch dann muß man nämlich beachten, daß nicht während des er-

Abb. 35 Landung mit der Rute: Nach zügigem Heranführen wird der Aal mit der Rute ausgehoben und aufs Ufer geschwungen.

Abb. 36 Landung vom Boot aus: Das Boot wird an der Fangseite gekrängt und der Aal am Vorfach zügig, aber nicht ruckweise über die Bordwand gezogen.

sten Abziehens angeschlagen werden darf, sondern erst nach einem Verharren des Schwimmers und erneutem Abziehen.

Werden an der Schwimmermontage kleinere Weichköder verwendet, so beißt der Aal auf tieferem Wasser meist problemlos, was sich durch ein gleichmäßiges, langsames, schräges Wegtauchen des Schwimmers anzeigt. Ist der Schwimmer nicht mehr sichtbar, verfolgt man die Bewegung der Schnur, nimmt vorsichtig Fühlung und schlägt an, wenn der Aal deutlich weiter abzieht. In sehr flachem Wasser können Bisse an der Schwimmermontage auch ganz andersartig verlaufen, vor allem in der Abenddämmerung, wenn die Aale beginnen, zur Nahrungssuche ins Flachwasser zu kommen. Auch hier ist ein zu früher Anhieb verfehlt, oft spielt nämlich der Aal gleichsam mit dem Köder, der Schwimmer kommt nach dem Abtauchen wieder hoch, liegt still und wird eventuell plötzlich wieder heftig untergerissen.

Abb. 37 Landung durch Stranden des Aals: An flachen Ufern wird der Aal bei tiefgehaltener Rute zügig auf den Strand gezogen, ohne daß er dabei angehoben wird.

Der *Anschlag* soll in allen Fällen durch senkrechtes Anheben der Rute erfolgen, um sofort danach den Aal durch zügiges Einholen aus der Grundnähe zu bringen. Größere Aale sind im ersten Moment oft nicht von der Stelle zu bewegen, es muß dann die ganze Tragkraft des Gerätes eingesetzt werden, bis der Fisch kommt.

Hat sich ein gehakter Aal unter Wasser festgesetzt, so ist er meist nur mit Gewalt zu lösen. Das oft empfohlene Verfahren, bei gespannter Schnur auf die Rute zu klopfen, hat mir noch nie Erfolg gebracht. Es besteht hier oft nur die Möglichkeit, den Aal samt Hindernis in Bewegung zu bringen, bei Kraut oder kleineren Ästen gelingt dies mitunter, oder das Abreißen von Haken und Vorfach samt Aal in Kauf zu nehmen. Zunächst versucht man jedenfalls, die Schnur eine Weile so stramm wie möglich zu halten, ereignet sich dabei nichts, so muß man den Zug nach und nach verstärken. Man arbeite in solchen Fällen nicht mit der Rute, sondern nehme die Schnur in die Hand (notfalls die Hand mit Lappen umwickeln!).

Abgesehen von solchen Hängern ist ein gehakter Aal so zügig wie möglich heranzuführen, einen Drill im eigentlichen Sinne gibt es hier nicht. Die Rolle darf aber beim Heranholen nicht überlastet

werden, sondern es wird bei größeren Aalen die Technik des Pumpens mit der Rute angewandt.
Die *Landung* von Aalen bis etwa 500 g erfolgt durch Ausheben mit der Rute, bis etwa zur Kilogröße durch Ausheben am Vorfach mit der Hand. Bei größeren Exemplaren wird es dann oft problematisch. Beim Landen großer Aale vom Boot aus versucht man, das Boot durch Gewichtsverlagerung so weit zu krängen, daß der Aal am Vorfach über die Bordwand gezogen werden kann. An flachen Uferstellen kann man auch einen großen Aal einigermaßen gut mit der Rute oder an der Schnur herausziehen. Von höheren Angelplätzen aus muß mit dem Kescher gearbeitet werden.
Das Landen von Aalen *mit dem Kescher* ist schwierig, da der Fisch unvorhersehbare Vorwärts- und Rückwärtsbewegungen ausführt. Wenn die Möglichkeit besteht, sollte man Aale von vorne keschern, wozu ein dunkel gefärbtes Keschernetz vorteilhaft ist. Man kann versuchen, die Schnur im richtigen Moment etwas lose zu lassen, mitunter schießt der Aal dann vorwärts ins Keschernetz hinein.

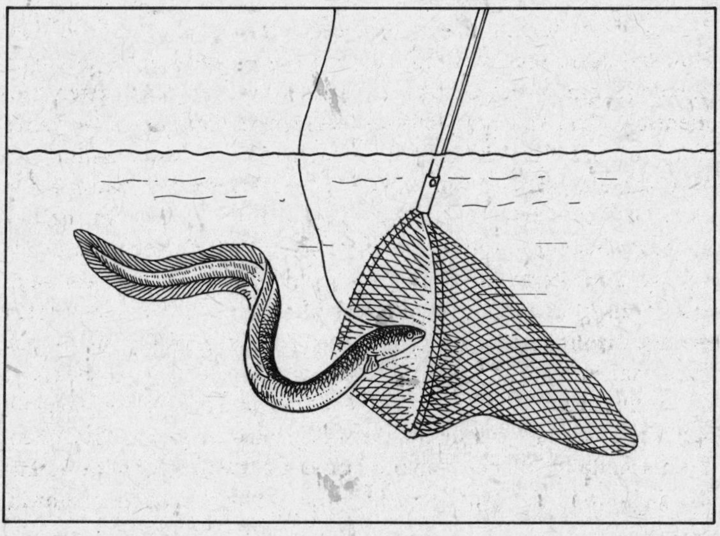

Abb. 38 Landung mit Kescher: Man läßt den Aal vorwärts in den Kescher schießen, indem man die Schnur im geeigneten Moment lose läßt.

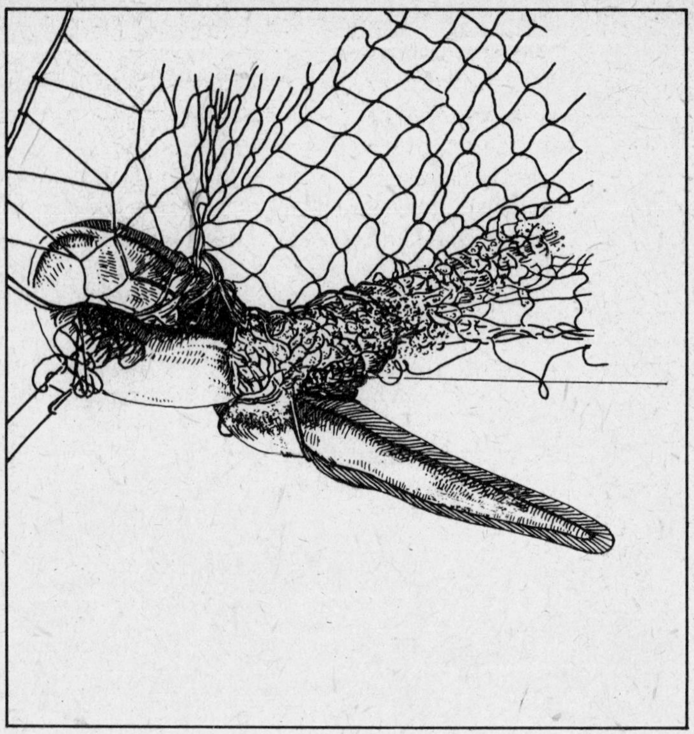

Abb. 39 Aal im Kescher. Das Verwirren der Netzmaschen ist bei einer Landung mit Kescher fast unvermeidlich.

3.3. Behandlung der Beute nach dem Fang

3.3.1. Ergreifen des Aals und Lösen vom Haken

Nach der Landung muß der Aal zunächst einmal von der Schnur frei gehalten werden, da er sofort versucht, diese mit dem Schwanz zu ergreifen und seine berühmten Knoten hineinzuschlingen – besonders die kleinen „Schnürsenkel" sind darin sehr geschickt. Gegen das Verknoten des Netzes bei einem mit Kescher gelandeten Aal ist zunächst wenig zu machen, man hänge aber zunächst gleich das Vorfach aus, damit nicht noch die übrige Montage in den Wirrwarr einbezogen wird.

Wird der Aal mit der Hand ergriffen, windet er sofort seinen Schwanz um den Arm des Fängers und versucht, durch Rückwärtsbewegung dem Zugriff zu entkommen. Hierbei wird die Kleidung des Anglers oft stark verschmutzt, so daß ein Ärmelschützer durchaus kein überflüssiger Luxus ist.

Bei den meisten Fischarten gibt es kaum Probleme, nach dem Fang den Angelhaken aus Maul oder Schlund zu entfernen, da man hier Hakenlöser verschiedener Art anwenden kann. Anders ist es beim

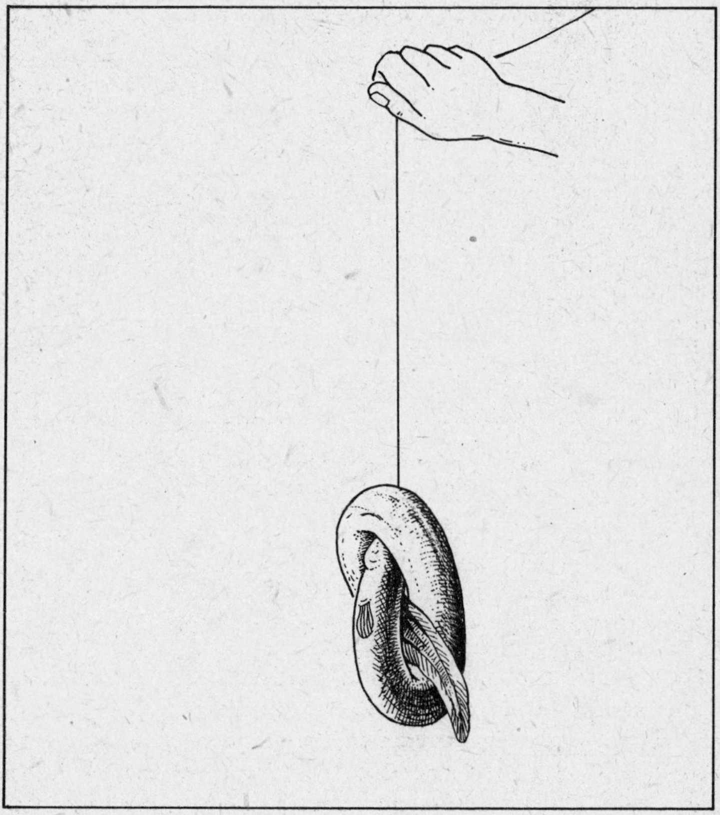

Abb. 40 Beginn einer Schnurverwirrung nach dem Landen des Aals. Der Aal ist nach der Landung sofort von der Schnur frei zu halten, da er sonst mit dem Schwanz Knoten zu schlingen beginnt.

Aal. Abgesehen von den günstigen Fällen, da der Haken lediglich im Unterkiefer oder im Vordermaul sitzt, schlucken manche Aale den Haken doch recht tief. Mit einem Hakenlöser ist da nichts zu machen, da speziell die größeren Aale bedeutende Kraft in den Kiefern haben und sich das Maul nicht öffnen lassen. Bevor man das Tier durch gewaltsames Herausreißen des Hakens schwer verletzt, sollte man lieber folgendermaßen verfahren: Das Vorfach wird ausgehängt bzw. kurz vor dem Maul abgeschnitten, der Haken wird also im Aal belassen, wobei man darauf achtet, möglichst wenig am Vorfach zu ziehen oder etwa den Aal nach der Landung daran hängen zu lassen. So wird der Aal lebend verpackt und zu Hause bis zum nächsten Tag in Wasser gehältert. Schon das Transportgefäß sollte vor dem Säubern sorgfältig untersucht werden, desgleichen am nächsten Tag das Hältergefäß. Oft bringen nämlich die Aale auf schwer erklärliche Weise selbst einen tief geschluckten Haken von alleine wieder heraus. Gelingt dies nicht, wird der Aal getötet und der Haken erst beim Ausweiden entnommen.

Aale, welche den Haken nur soweit im Maul haben, daß der – meist lange – Hakenschenkel noch erfaßt werden kann, können durch seitliches Heraushebeln (nicht ziehen!) des Hakens von diesem befreit werden.

Zu all diesen Hantierungen faßt man den Aal mit einem rauhen Lappen oder einer Handvoll Sand an, manche nehmen dazu auch Zeitungspapier, an dem der Aal regelrecht festklebt.

3.3.2. Töten der Beute

Es ist nicht einfach, Aale weidgerecht zu töten. Die sicherste Methode ist das Durchtrennen der Wirbelsäule hinter dem Kopf, wozu sich findige Angler Geräte wie den Aaltöter gebaut haben, einen an der Schneide scharfgeschliffenen großen Schraubenzieher.

Der Aal muß zum Töten auf einer harten Unterlage liegen. Schon das ist problematisch, denn welcher Aal liegt schon still – es muß also oft eine zweite Person den Aal zu halten versuchen. Der Aaltöter wird dem Fisch von der Bauchseite her dicht hinter dem Kopf aufgesetzt und durch einen kurzen, harten Schlag mit der flachen Hand auf den Griff des Aaltöters wird die Wirbelsäule durchtrennt. Mit einem Messer geht das gleiche nur halb so gut. Achten muß man darauf, unmittelbar hinter dem Kopf anzusetzen, da man sonst die Galle verletzen kann.

Das Töten von Aalen durch Abschneiden der Schwanzspitze, wie es mitunter empfohlen wird und wodurch die Tiere ausbluten sollen, ist mir selbst noch nicht gelungen. Beim Töten gefangener Aale wie auch bei der weiteren Verarbeitung ist darauf zu achten, daß kein Aalblut in Wunden oder in die Augen gerät, da das Blut der Tiere stark giftige Stoffe enthält.

3.3.3. Hälterung lebender Aale

Während des Angelns und auch danach kann man Aale unter Beachtung einiger Besonderheiten hältern, um ihnen etwaigen Schlammgeschmack zu nehmen, einen Haken herausbringen zu lassen oder auch einfach deshalb, weil man vielleicht einige Tage später noch ein paar dazu fangen möchte.
Sollen Aale am Leben erhalten werden, müssen sie unverletzt sein, es darf also schon nach der Landung gar nicht erst versucht werden, einen tiefsitzenden Haken gewaltsam zu entfernen. Aale, die nach dem Landen zu bluten beginnen, sind in der Regel zum längeren Hältern nicht geeignet.
Zum Hältern von Aalen während des Angelns benutzt man *engmaschige Setzkescher oder Netzbeutel*, die aber zuvor Masche für Masche kontrolliert werden müssen, vor allem entlang der Nähte. Ist auch nur eine beschädigte oder morsche Masche vorhanden – der Aal findet sie unter Garantie, zwängt das Maul (beim Spitzkopf) oder die Schwanzspitze hinein und hat im Nu ein Loch in das Netz gearbeitet, durch das er entkommt. Wer die Möglichkeit hat, Aale am Angelplatz in einem festen *Hältergefäß* aufzubewahren, sollte dies tun. Es eignen sich da z. B. verschließbare Plastkanister, die mit einer Vielzahl von kleinen Bohrungen versehen und ins ufernahe Wasser eingehängt werden. Sie müssen eine so große Öffnung haben, daß man sie später gut säubern kann.
Im Boot ist das Hältern oft in einem durchfluteten *Fischkasten* möglich. Bei Holzbooten muß man aber beachten, daß die Bohrungen dieses Kastens im Laufe der Zeit größer geworden sein können, und es ist kaum zu glauben, durch welch enge Öffnungen sich Aale noch hindurchzuwinden verstehen. Hier ist es also sicherer, die Aale erst in einen Netzbeutel zu tun und diesen dann in den Fischkasten zu hängen.
Sollen Aale erst nach dem Angeln *zu Hause gehältert* werden, so bedeutet es in diesem Falle keine Tierquälerei, die Beute auch ohne

Wasser dorthin zu transportieren. Es ist erwiesen, daß ein unverletzter Aal in einem verschlossenen Gefäß längere Zeit am Leben bleibt, wenn eine genügende Luftfeuchtigkeit darin enthalten ist und das Gefäß kühl gehalten wird. Diese Empfehlung darf aber keinesfalls so verstanden werden, daß man gefangene Aale lebend einsteckt, um sie allmählich von selbst sterben zu lassen!
Beim weiteren Hältern von Aalen zu Hause muß das Hältergefäß lückenlos abgedeckt werden, da die Fische sonst unweigerlich entweichen, vor allem nachts. Ich habe erlebt, daß Aale aus einer nur zu einem Viertel gefüllten Badewanne herauskamen, also eine etwa 30 cm hohe, glatte und fast senkrechte Wand überwanden!

3.3.4. Aufbewahrung getöteter Aale

Während des Angelns getötete Aale müssen gleichfalls in geschlossenen Behältnissen aufbewahrt werden. Auch nach Durchtrennen der Wirbelsäule arbeiten die Muskeln der Tiere noch eine ganze Weile reflektorisch weiter, so daß sie aus einem offenen Gefäß durch Schwanzbewegung noch herauskommen und womöglich im Ufergras verschwinden können. Ansonsten soll man getötete Aale wie andere Fische luftig, trocken und kühl lagern.

3.3.5. Vorbereitungen zum Verzehr des Fisches

Sind Aale zum Räuchern vorgesehen, so müssen sie vorher entschleimt werden. Dies geschieht durch gründliches und kräftiges Abreiben mit einer Mischung aus feinem Sand und Salz, bis sämtlicher Schleim entfernt ist. Danach werden die Aale abgespült und nun erst ausgeweidet. Nach dem Säubern der Leibeshöhle kommen die Fische dann für 2–3 Stunden (je nach Größe) in eine Salzlake aus neun Teilen Wasser und einem Teil Salz. Danach läßt man sie abtropfen, wischt sie trocken und hängt sie an einen luftigen Ort zum Vortrocknen. In den Räucherofen kommen sie erst, wenn sich die Haut trocken, fest und lederartig anfühlt. Bei feuchtem Wetter ist im Räucherofen ein Glutbett aus Hartholzscheiten anzulegen; die Aale werden darüber gehängt und auf diese Weise vorgetrocknet.
Für alle anderen vorgesehenen Zubereitungsarten ist es vorteilhaft, die Aale abzuziehen. Hierzu wird der ausgeweidete Aal zunächst von der Bauchseite her unmittelbar hinter dem Kopf quer durch-

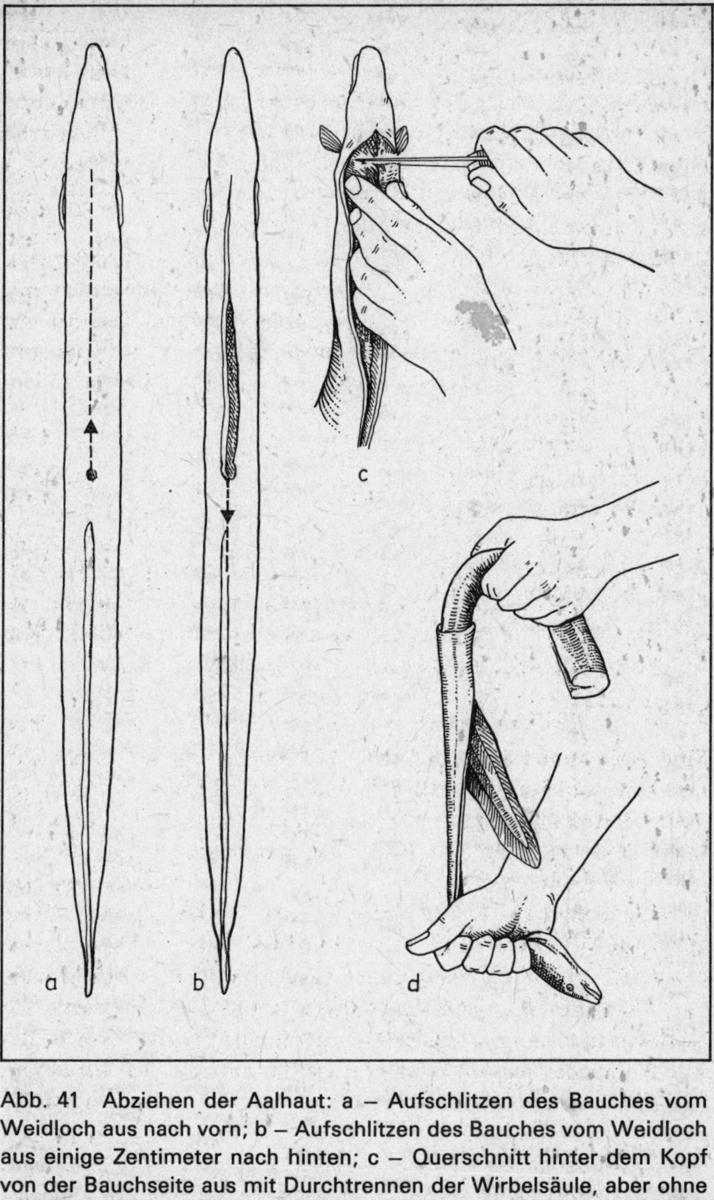

Abb. 41 Abziehen der Aalhaut: a – Aufschlitzen des Bauches vom Weidloch aus nach vorn; b – Aufschlitzen des Bauches vom Weidloch aus einige Zentimeter nach hinten; c – Querschnitt hinter dem Kopf von der Bauchseite aus mit Durchtrennen der Wirbelsäule, aber ohne Verletzung der Haut; d – Abziehen der Haut von vorn nach hinten. (Die Daumen greifen in den Querschnitt, die übrigen Finger umfassen Kopf oder Rumpf. Die Aalhaut verbleibt dabei am Kopf.)

schnitten, ohne dabei die Haut zu verletzen. Man durchtrennt hierzu zunächst die Wirbelsäule – falls dies nicht schon vorher geschehen ist – und danach das Fleisch seitlich und oberhalb davon. Kopf und Körper des Aals sind jetzt nur noch durch die Haut verbunden. Nun legt man beide Daumen in diesen Querschnitt, faßt mit der einen Hand den Kopf, mit der anderen den Körper des Aals, lockert vorsichtig ringsherum die Haut vom Fleisch und zieht dann zügig und gleichmäßig Kopf und Körper auseinander. Gelingt dies, ohne daß die Haut zerreißt, so hat man schließlich den Kopf und Haut in einer und den enthäuteten Körper in der anderen Hand.
Reißt die Haut ein oder hat man sie beim Querschnitt beschädigt, dann lassen sich auch kleine Hautecken gut mit einem Stück trokkenen Zeitungspapier anfassen.

3.3.6. Zubereitungsarten

Als größter Leckerbissen gilt nach wie vor der Räucheraal, den sich der Sportangler für den Eigenbedarf selbst herstellt.
Als *Räucherofen* eignen sich verschiedene Konstruktionen von der einfachen Tonne bis zum aus Klinkern gemauerten Exquisitstück. Voraussetzung ist, daß sowohl die Feuerstelle als auch die obere Öffnung luftdicht verschlossen werden können. Das Räuchermaterial sollte aus Hartholz oder anderen Laubhölzern bestehen, bevorzugt werden Buche, Erle, Rüster, aber auch Pappel und Weide sind brauchbar, dazu gehören entsprechende Hobel- oder Sägespäne. Harzhaltiges Holz darf nicht verwendet werden.
Für transportable Kleinräucheröfen werden nur Späne benötigt, da diese Geräte nach einem etwas anderen Prinzip arbeiten. (Verschwelung der Späne auf einem Blech über der Wärmequelle.) Sind die Aale gut getrocknet, werden die kleineren bis etwa 500 g auf einhängbare Spieße gesteckt, die durch den festen Teil des Aalkopfes geführt werden. Aale, die durch Wirbelsäulenstich getötet wurden, sowie größere Exemplare werden zusätzlich durch Drahthaken am Spieß befestigt, die etwa 10–15 cm hinter dem Kopf durch den Aalkörper gestochen werden. Vor dem Einhängen der Aale in den Ofen ist das Feuer mit Hartholz oder Weide zu entfachen und kräftig Zug zu geben, damit der Ofen sich erwärmt und Ascheteilchen herausgeblasen werden. Hierbei sind die Brandschutzbestimmungen bezüglich möglichen Funkenflugs besonders

zu beachten, so muß z. B. die Windrichtung einkalkuliert werden. Ist das Feuer gut zur Hälfte heruntergebrannt und hat sich ein breites Glutbett gebildet, so hängt man die Aale ein, schließt die obere Öffnung des Ofens und gibt an der Feuerklappe leichten Zug, damit nun die Aale zunächst bei kleiner Flamme durchgaren. Dann legt man ein paar weitere Scheite auf die Glut, und wenn diese gerade angebrannt sind, deckt man das Feuer mit Spänen ab und schließt auch die Feuerklappe. Nun setzt die Rauchentwicklung ein, und die Fische bräunen. Die Aale sollen stets in heißem Rauch bleiben, andererseits darf aber die Hitze auch nicht so groß werden, daß die Fische aufplatzen und das Fett ins Feuer läuft.
Von Zeit zu Zeit wird nachgesehen, wie der Zustand des Räucherguts ist. Kleinere Aale werden zuerst fertig und müssen dann herausgenommen werden, die größeren verbleiben länger im Rauch. Die Fische sind gut, wenn sie eine schöne goldbraune Farbe aufweisen und die dickeren Körperteile sich beim Drücken mit den Fingern weich anfühlen. Nach dem Räuchern werden die Spieße mit den Aalen zum Auskühlen an eine luftige Stelle gehängt.
Weitere bekannte Zubereitungsarten sind z. B. *gebratener Aal*, wozu sich vor allem die kleineren Stücke bis zu 500 g eignen, ferner Brataal in Marinade, Aal in Gelee, Aal grün in Petersilien- oder Dillsoße sowie schließlich Aalsuppe, für die es eine ganze Reihe von Rezepten gibt.
Abschließend sei eine einfach zu bereitende Aalsuppe vorgestellt: Eine genügende Menge gesäuberter und in Stücke geschnittener größerer Aale wird mit viel Zwiebeln, Sellerie- und Petersilienwurzeln, einigen Sträußchen Sellerie- und Petersilienkraut, einigen gewürfelten Mohrrüben, Piment, Lorbeerlaub und Salz gar gekocht. Die gegarten Aalstücken entnimmt man der Brühe und setzt darin einige Handvoll kleingeschnittener Kartoffeln sowie eine Handvoll Reis zum Kochen an. Inzwischen werden die Aalstücke entgrätet und zerkleinert, man gibt sie nach dem Garwerden von Kartoffeln und Reis in die Suppe zurück und läßt noch einmal aufkochen. Dann zieht man 1–2 Tassen Milch bzw. 1 Tasse Sahne unter und zum Schluß eine gehörige Portion fein gewiegter Petersilie oder auch Dill. Ein Stich Butter rundet die Sache ab, die Suppe wird vom Feuer genommen, mit Salz und Pfeffer abgeschmeckt und soll möglichst im geschlossenen Topf noch eine Weile durchziehen, um alle Geschmacksstoffe zur Wirkung kommen zu lassen.

Literatur

Autorenkollektiv	Zwischen Düne und Meeresgrund. Urania-Verlag, Leipzig 1969
Basan, U.	Ostseefische. 3. Aufl., Sportverlag, Berlin 1981
Bauch, G.	Die einheimischen Süßwasserfische. 5. Aufl., Neumann Verlag, Radebeul 1966
Brehm, A.	Thierleben. Bd. 8, Verlag des Bibliographischen Instituts, Leipzig 1879
Mau, G.	Fischereifachkunde. Transpress Verlag für Verkehrswesen, Berlin 1963
Müller, H.	Die Aale. Ziemsen Verlag, Wittenberg 1975
Müller, H.	Fische Europas. Neumann Verlag, Leipzig, Radebeul 1983
Smolian, K.	Merkbuch der Binnenfischerei. Bd. I. Fischereiförderung GmbH, Berlin 1920
Wilke, M.	Natürliche Köder. 3. Aufl., Sportverlag, Berlin 1985
Zeiske, W.	Fische und Gewässer von A–Z. 2. Aufl., Sportverlag, Berlin 1963
Zeiske, W.	Aal, Wels, Quappe. 3. Aufl., Sportverlag, Berlin 1980
Zeiske, W./Plomann, J.	Fisch- und Gewässerkunde. 6. Aufl., Sportverlag, Berlin 1985

Ausgewertet wurden ferner verschiedene Jahrgänge der Zeitschriften:

Deutscher Angelsport
Blinker
Fisch und Fang
AFZ-Fischwaid

sowie
Das Fangbuch des Autors
Das Tagebuch des Autors

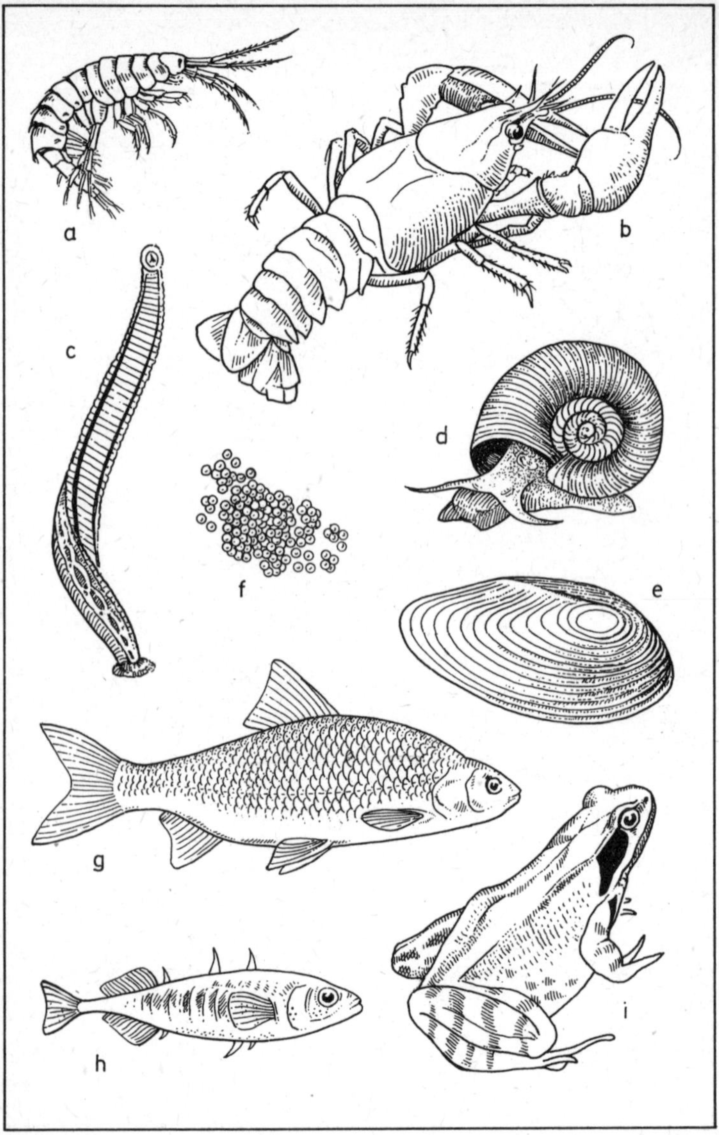

Tafel III Hauptnährtiere des Aals im Süßwasser: a – Flohkrebs; b – Flußkrebs; c – Blutegel; d – Wasserschnecke; e – Teichmuschel; f – Fischlaich; g – Jungfisch; h – Stichling; i – Frosch